우리 집 이야기

안녕하세요?
저는 큰딸 가예라고 해요.
우리 집 이야기를
소개할게요.

우리 가족을 소개합니다.
이 사진은 막내 승우의 돌잔치 때 찍은 거예요.
지금 승우는 너무 씩씩하게 막 뛰어다니는데
저렇게 아기였을 때도 있었네요.

엄마 참 예쁘죠?
우리 엄마는 친구 같은 엄마예요.
항상 제 얘기를 잘 들어주세요.

지금은 13살

저는 엄마의 말에 따르면,
모범생에 똑똑하대요.

지금은 9살

승우도 참 착해요.
가장 어린아이인데도
누나들에게 양보할 때가 많아요.
올해 초등학생이 되었어요.

동생 가윤이는 말을 예쁘게 하고
마음씨가 고와서 주위 사람들에게
사랑받아요.

처음 이 닦은

우리 아빠는 평소엔 엄하시지만
제 마음을 누구보다 잘 알아주세요.
아빠랑 사소한 대화를 나눌 때가 참 좋아요.

우리들의 어릴 적 사진이에요.
가윤이는 왜 울고 있었을까?
전 앞에서 웃고 있어서
괜히 미안해지네요.

옛날에 가윤이와 저는
누가누가 더 귀여운지
애교 대결을 했어요.
많이 다투기도 하지만
저는 동생들이 참 좋아요.

아빠 백일 때랑 승우 아기 때예요.
닮았나요?

수진 이모랑 우리 엄마도
붕어빵이에요.

엄마와 아빠에게 드렸던 어버이날, 크리스마스 감사 카드와 선물이에요. 우린 평소에 못 했던 말들을 여기에 써요.

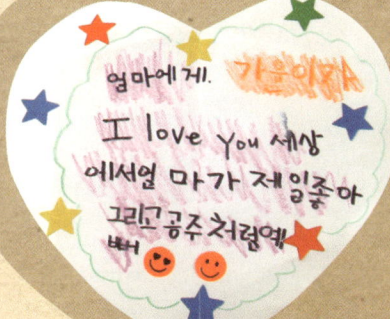

엄마는 우리가 태어났을 때
추억이 담긴 물건들을
계속 간직하시더라고요.
저도 이 물건을 보면
엄마의 사랑이 듬뿍 느껴져요.

틀려도
괜찮아,
천천히
가도 돼

아이와 함께 자라는 **보통맘** 설수현의 **감성** 대화

틀려도 괜찮아, 천천히 가도 돼

설수현 지음

애플북스

프롤로그 아이는 나의 거울이다 6

chapter 01
아이의 기를 살리는 엄마의 공감말

01 틀려도 괜찮아, 천천히 말하면 돼 · 13
02 눈물을 어떻게 참아! 울고 싶으면 울어도 돼 · 18
03 괴롭히는 애한테는 이렇게 해봐! · 23
04 오늘은 하고 싶은 대로 해! · 28
05 몹시 속상했구나! · 35
06 학교 모둠이 싫으면 우리끼리 만들까? · 41
07 천천히 가도 괜찮아! 건강하게만 커다오 · 47

chapter 02
기다릴 줄 아는 엄마의 격려말

01 그런 일이 있었구나 · 55
02 언제 이렇게 잘하게 된 거지? · 60
03 재미있으면 됐어! · 66
04 미리 혼나고 갈래? · 73
05 전력질주 하지 마, 최선을 다하지 마! · 79

chapter 03
따뜻하지만 엄격한 엄마의 가르침말

01 어른은 어른이고 아이는 아이야 · 89
02 혼자 생각 좀 하고 나와 · 95
03 잠깐 나와 볼래? · 101
04 꼭 사야 하는 세 가지 이유를 말해봐 · 107
05 아무리 졸라도 안 되는 건 절대 안 돼 · 112

chapter 04
질문하는 엄마의 관심말

01 떨려서 반장 선거에 안 나가는 거야? · 121
02 요즘은 왜 친구 얘기 안 해? · 127
03 왜 학교가 싫어졌어? · 131
04 공부는 왜 할까? · 136
05 화난 이유를 다 써볼까? · 142

chapter 05
마음을 표현하는 엄마의 **사랑말**

01 우리 둘이 보낸 시간 꼭 기억해! · 151
02 엄마가 거짓말했어. 정말 미안해 · 157
03 나중에 엄마랑 클럽 가줄 거지? · 163
04 손바닥을 대봐. 천 년 전 기운이 느껴져? · 169
05 넌 어쩜 이렇게 재밌니? · 176
06 싸우면 다 잃는 거야 · 181

chapter 06
아이를 지켜주는 엄마의 **안심말**

01 그럴 땐 엄마 핑계를 대 · 189
02 네 뒤에는 언제나 엄마가 있어 · 196
03 세상에서 가장 편안한 곳이 집이야 · 204
04 사춘기란 그런 거야 · 209
05 엄마 아빠는 헤어지지 않아 · 214
06 네가 얼마나 행복한지 생각해봐 · 219
07 "싫어요, 안 돼요, 도와주세요."라고 말해 · 224

chapter 07
아이와 함께 자라는 엄마의 **지혜말**

01 할아버지 댁에 장난감 보러 갈까? · 233
02 엄마 커피 마실 시간이야 · 239
03 용돈 받고 싶으면 직접 말해 · 245
04 우리 같이 책 읽을까? · 250
05 아빠하고 이야기할래? · 256
06 불안할 것 없어 · 260
07 엄마도 엄마의 미래가 궁금해 · 266

프롤로그

아이는 나의 거울이다

얼마 전 로즈마리 화분 두 개가 죽어버린 후, 남은 로즈마리를 정성스레 키우고 있었다.

"승우야. 애는 물을 진짜 많이 먹지? 어제도 줬는데 오늘도 물을 이렇게나 많이 먹는다."

물 주는 걸 도와주던 막내 승우가 뭔가 발견한 듯 말한다.

"엄마, 얘는 수다쟁이인가 봐. 어쩜 이렇게 목이 마르대? 먹고 또 먹고. 근데 엄마 정말 웃겨. 먹자마자 밑으로 다 토해."

여덟 살 승우는 맑은 눈으로 바라본 세상을 얘기한다. 그렇다고 아이의 시선이 마냥 동화 같기만 한 것은 아니다. 때론 어른인 나보다 더 냉철하고 이성적이다. 잠들기 전《호동왕자와 낙랑공주》를 읽고 나서는 이렇게 말한다.

"호동왕자가 나빠. 처음부터 낙랑공주한테 북을 찢으라고 하지 말았어야지. 나쁜 걸 시켜서 호동왕자도 낙랑공주도 다 슬프게 죽은 거잖아. 나쁜 걸 처음부터 왜 시켜!"

아침부터 잠들기 직전까지 승우는 엉뚱하고 신기한 말들을 화수분처럼 쏟아낸다. 때론 감동하고, 때론 놀라면서 오래오래 기억하게 적어야야 하는데 잘 안 된다. 가예, 가윤이 때도 그랬다.

"가예야, 피노키오는 거짓말을 할 때마다 코가 길어진 거야."

다섯 살이던 가예가 피노키오를 처음 읽었을 때, 우리는 거짓말에 대한 얘기를 했다.

"엄마, 그럼 코끼리도 거짓말해서 코가 길어진 거야?"

"하하! 그러게?"

다섯 살이던 첫째 가예는 상상도 못 할 얘기를 매일매일 쏟아냈다. 초보엄마였던 내겐 그런 순간이 설렘과 기쁨이었다. 그런데 기록 없는 기억이란 늘 그렇듯 흩어지고 옅어지다 결국 사라져버렸다. 남은 것은 피노키오와 코끼리밖에 없다. 메모할 종이와 연필만 있으면 책 한 권은 거뜬히 나왔을 가예의 얘기가 사라지고 만 것이다.

1분 만에 큐브 한 면을 뚝딱 맞추는 둘째 가윤이를 보니 잊고 있던 기억 하나가 떠오른다. 16개월이 조금 넘었을 때 24개 조각 퍼즐을 다 맞춘 가윤이에게 "우와~! 강호동 아저씨가 하는 '스타킹' 내 보내야겠네."라고 말했었는데, 그새 까맣게 잊고 있었다. 가윤이는 오목 천재이기도 했다. 유치원 선생님도 깜짝 놀라며 칭찬하셨는데, 그 일조차 그새 다 잊어버렸다. 오늘도 나는 이 아이들의 소중한 순간들을 얼마나 많이 기억 저편으로 날려버리고 있을까.

엄마들의 수많은 고민 중 첫 번째가 '엄마 역할을 잘 하고 있나?' '난 좋은 엄마인가?'이다. 그 고민의 답은 멀리 있지 않다. 좋은 엄마가 되기 위한 첫걸음은 무엇보다 아이들의 이야기를 귀 기울여 듣고 기록하는 엄마가 아닐까. 돌이켜보면 세 아이가 쏟아내는 이야기에는 놀라운 것도 있고 빤한 것도 있다. 매일 듣다 보면 일상처럼 익숙해질 수 있지만 아이들의 말에는 새로운 이야기와 감동, 아름다운 비유가 보석처럼 박혀 있다. 아이들의 말에 귀를 기울이다 보면, 아이에 대해 더 많이 알게 되는 것은 물론이고 엄마인 나 자신에 대해서도 새롭게 알게 된다. 내가 어떤 사람인지, 내가 어떤 엄마인지, 어떤 역할을 해줄 수 있는지.

한 명의 아이는 하나의 우주다. 개그맨 같은 가예의 말은 웃음을 부르고, 소곤소곤 속삭이는 가윤이의 말은 사랑스럽고, 큰 소리로 또박또박 감정을 표현하는 승우의 말은 그림을 보듯 선명하다. 각자 자기만의 눈으로 세상을 바라보며 그 눈으로 보고 느낀 걸 이야기해주는 아이들.

이 책을 손에 들고 있는 소중한 한 아이의 엄마에게. 아이의 작은 한마디를 놓치지 않고 귀 기울여볼 것을 권한다. 아이가 얼마나 고맙고 신기하고 아름다운지 알게 될 것이다. 아이의 말을 귀담아 들을수록 내 아이의 마음과 잘 통하게 된다.

    내 아이의 세상은 엄마가 듣고 기록할수록 달라진다는 것을. 어제와 비슷하지만 또 다르다는 것을, 엄마의 기억이 기록으로 옮겨지는 순간 알게 될 것이다.

설수현

아이의 기를 살리는
엄마의 공감말

01
틀려도 괜찮아,
천천히 말하면 돼

"어머님, 가예는 정말 똑똑한데 발표를 잘 안 해요."

가예 담임선생님의 말을 듣고 내심 놀랐다. 몇 번 학부모 참관수업에 갔을 때 가예가 손을 번쩍 들고 발표하는 모습을 보았기 때문이다. 시키면 언제나 정확하게 대답하지만, 먼저 발표하는 일은 거의 없다는 가예. 선생님은 '혹시나 틀릴까 봐, 실수할까 봐 두려워하는 마음' 때문이라고 했다. 참관수업 때는 엄마를 기쁘게 하고 싶은 마음이 실수할까 두려운 마음을 이겼던 모양이다.

틀릴까 두려워하는 마음은 말투에서도 느껴진다.

"아휴, 가예야, 좀 천천히 말해봐. 무슨 말인지 하나도 못 알아듣겠어."

평소 책을 많이 읽는 가예는 논리적이긴 해도 너무 급하게 말하는 버릇이 있다. 속사포처럼 이야기를 쏟아놓는 통에 알아듣기 힘들 때가 많다. 실수하지 않으려고 후닥닥 말해버리려다 생긴 버릇인 것이다.

뭐든지 잘 해내고 싶은 완벽주의자인 가예가 가진 강박관념, 그건 틀리고 싶지 않은 것이다. 어떻게 실수에 대한 두려움을 풀어줄 수 있을까?

"가예야, 말을 많이 하는 건 중요하지 않아. 우리는 왜 말을 할까? 그건 상대에게 내 생각이나 감정을 전달하기 위해서야. 그러니까 적게 말하더라도 또박또박 천천히 말하는 게 중요해."

거창하게 말하기의 '본질'까지 들먹이며 설명했다. 가예는 논리적인 아이라 의미를 알려주면 더 빨리 이해한다. 하지만 습관을 바꾸려면 무엇보다 격려가 중요하다.

"가예야, 말하다 틀리면 어때? 사람들이 다 맞는 말만 하고 사나 뭐? 넌 정말 재밌게 말하잖아. 그걸 또박또박 이야기하면 사람들이 더 잘 이해하고 웃을 거야."

성격은 하루아침에 바뀌지 않는다. 가예는 조금씩 노력하고 있다. 자신이 극복해야 할 것이 무엇인지 알았다는 것만으로도 절반은 성공이다.

아 이 의 기 를 살 리 는
엄마의 공감말

> 빨리 말하는 버릇과 발표를 주저하는 태도는 같은 원인에서 비롯된다. 바로 자신감이다. 아이들은 자신 없을 때 빨리 말해 버린다. 자신감 있는 아이들은 천천히 또박또박 말하는데, 자신감이 없고 자기 말에 확신이 없을 때, 또 '이 말을 꺼내면 창피할 수 있겠다.' 싶을 때 말의 속도가 빨라진다.
>
> 어려서부터 가예는 소극적인 면이 있었다. 오죽하면 《틀려도 괜찮아》라는 그림책을 수십 번 읽어주기까지 했을까. 그런가 하면 둘째 가윤이는 스스럼없이 발표를 곧잘 한다. 정확히 몰라도 우선 번쩍번쩍 손부터 들기 바쁘다. 콩알만큼 아는 것을 가지고 남들 앞에서 똑똑한 척도 한다.
>
> 1학년 때 자기소개 시간에 "저는 파티시에가 꿈입니다."라고 말하고서 혼자 으쓱해한 적도 있다. 파티시에가 무슨 일을 하는지 정확히 알지도 못하면서 자신 있게 말하는 아이. 틀렸다고 지적을 받아도 금세 인정하고 받아들이는 아이. 그게 가윤이다. 가예는 정반대다. 충분히 알고 있어도 혹시 있을 실수를 경계하고 조심한다. 성격이 급하고 승부욕이 강한 가예. 어쩜, 첫째와 둘째가 이렇게나 다를까.

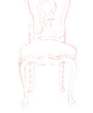

〈수현 생각〉

　가끔은 내가 방송 일을 직업으로 삼은 것이 신기하다. 학창 시절 수줍음이 많아 발표도 못 하던 아이였으니 말이다.
　"자, 2분단 셋째 줄 오른쪽! 대답해봐." 선생님이 학생을 지목하기 시작하면 그때부터 심장이 쿵쿵댔다. 내가 아는 것에 확신이 없었고, 혹시나 틀린 답을 말해 비웃음을 당할까 두려웠다. 그런데 유독 '책 읽기' 시간에는 떨리지 않았다. 안 틀리고 또랑또랑 낭독하는 건 내가 제일 자신 있어 했기 때문이다.
　엄마를 닮은 가예도 뭐든 잘하고 싶고, 실수하는 자신을 용납하기 힘들어한다. 내가 그랬듯이 유머감각도 뛰어나고 논리적인 가예도 자신의 장점에 눈을 떠가며 발표력도 좋아지고 말의 속도도 적당히 느려질 것이다. 그렇게 되리라 나는 믿는다.

2015년 가예의 계획

2015년 나의 계획

① 단거 먹는거 줄이도록 노력 해보자

② 중학교 올라가기 전에 공부하는 습관 잡고 가기

③ 숙제 빼먹지 않기

지켜봅시다

02
눈물을 어떻게 참아!
울고 싶으면 울어도 돼

세 아이 중 둘째 가윤이는 눈물이 많다. 수시로 눈물샘이 터지곤 한다. 시부모님과 식사할 때도 종종 울음보가 터지는데, 처음에는 참 난감했다.

"뚝 그쳐. 그만 울어."

시부모님이 엄하게 말씀하시면 오히려 내가 눈물이 나올 것 같았다.

대부분 어르신들은 아이가 눈물을 보이면 "울지 마라." 하고 제지부터 한다. 터져 나오는 눈물을 어떻게 참으라고 무턱대고 울지 말라고 하는지 알 수가 없다.

나는 가윤이가 울면 얼른 말한다.

"가윤아, 빨리 화장실 한번 갔다 와."

그 말은 우리 둘만 아는 신호다. 어차피 나온 눈물은 흘려야 하는 법, 빨리 울고 오라는 뜻이다. 가윤이도 알아듣고 바로 자리에서 일어나 화장실에 다녀온다. 엄마가 자기 마음을 알아준다는 사실만으로 절반은 달래진 셈이기도 하고.

아이들은 어릴 때 수시로 운다. 혼자 놀다가도 제풀에 울음을 터뜨릴 때도 있고, 레고 조립이 잘 안 돼도 울고, 찾는 장난감이 금세 나오지 않아도 운다. 요구사항을 들어달라고 울 때도 있다. 그러나 우리 집 아이들은 울면서 이야기하면 더 통하지 않는다는 걸 안다.

"승우야, 울면서 말하니까 무슨 얘긴지 하나도 못 알아듣겠어. 다 울고 나서 엄마한테 똑바르게 얘기해줘."

승우가 칭얼거리며 다가오면 다시 방으로 돌려보낸다. 그러곤 우는 아이에게 부드럽게 말한다.

"엄마는 우는 소리 안 좋아하니까 방에 가서 울고 나오렴."

울고 싶을 때는 울어도 좋다. 하지만 울면서 뭔가를 요구하지 않기. 엄마 앞에서 징징대지 않기. 이건 세 아이 모두에게 어렸을 때부터 교육한 부분이다. 그래서 아무도 내 앞에서 길게 울지 않는다.

퉁명스럽게 "들어가!" 하는 것이 아니다. 아이는 감정을 충분히 풀어야 하지만 그때마다 엄마가 일일이 달래주기 힘들다. 또 울 때마다 달래는 것이 옳은 방법도 아니다. 그러니 그냥 풀릴 때까지 울게 한다. 우는 소리가 듣기 싫으면 방문을 닫으면 된다. 요구는 울음을 그치고 똑바로 말하게 한다. 그게 우리가 정한 원칙이다.

그래도 가예, 가윤이 때는 가끔 달래주기도 했는데 승우한테는 그마저도 잘 안 한다. 이제는 내가 달래줄 여력이 더 없어졌다. 더구나 밖에서 바쁘게 하루 일정을 소화하고 오면 우는 아이의 하소연을 일일이 들어주기 힘들다. 미안하지만 그런 점에서 막내는 좀 손해다.

──────

" 나는 공감능력이 뛰어난 편이다. 타인의 감정이 금세 나한테 전해진다. 그래서 나쁜 점도 많은데, 일단 누가 울면 내 눈물 보따리도 같이 터진다. 심지어 남편한테 뉴스에서 본 슬픈 사건을 이야기하다가도 울컥 해서 눈시울을 붉힐 때가 있다.

방송에서도 너무 잘 운다는 얘기를 종종 듣는다. 참는다고 하는 게 그 정도다. '쟤는 왜 저렇게 쓸데없이 울지? 인생이 우울한가?' 그렇게 생각하는 사람도 있다는데, 어쩔 수가 없다. 감정이입이 잘 되어 나도 모르게 눈물이 난다.

가윤이도 나를 닮아서 공감능력도 탁월하고 눈물도 많다. 내 생일 전날 집에서 아이들과 밥을 먹는데 친정엄마한테 전화가 왔다.

아이의 기를 살리는
엄마의 공감말

생일이어서 전화한 줄 알았더니 그게 아니었다. 엄마는 그 전날 있었던 언니의 행사에 왜 참석을 안 했느냐며 나를 나무라셨다. 순간적으로 정말 섭섭했다. 엄마는 막내딸 생일도 모르고 언니만 챙기다니. 왠지 서러움이 울컥 솟아오르면서 나도 모르게 목소리가 좀 커졌다.

그때였다. 갑자기 밥을 먹던 가윤이가 "엄마!" 하고 내 품에 달려오며 엉엉 운다. 내 목소리만 듣고도 감정이입이 돼 눈물이 터져 나온 것이다. 가예는 무심하게 밥을 먹고, 어린 승우는 아무 생각 없는데.

눈물 많은 딸, 엄마는 네 맘 다 알아. 그래, 울고 싶을 땐 실컷 울어. 눈물을 어떻게 참아!

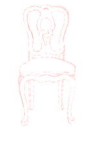

〈수현 생각〉

    SBS 〈붕어빵〉 프로그램에서 아이들한테 설문 조사를 했다. '어른이 시키는 말 중에 제일 듣기 힘든 것'에 대해 물었다. 1위가 "그만 울어."였다. 아이들은 울음을 참기가 제일 힘들다고 한다.
    나도 어렸을 때 아빠한테 "울지 마. 뚝 그쳐!"라는 말을 많이 듣고 자랐다. 눈물이 절로 나오는데 어떻게 안 울 수 있는지, 그게 참 힘들었다.
    아이들을 키우면서 옛날 내 어릴 적 생각을 많이 하게 된다. '아, 나도 그때 그랬지. 눈물이 터져 나오는데 어떻게 참으라는 거지? 어른들을 이해할 수 없었지. 나는 그러지 말아야지.'
    어른들도 한때는 모두 아이였다. 그 시기의 마음을 떠올려보면, 아이와 좀 더 공감하는 부모가 되지 않을까?

03
괴롭히는 애한테는
이렇게 해봐!

　승우가 동네 오르막길을 앞장서서 올라가고 나는 뒤따라가고 있었다. 그때 맞은편에서 오던 남자아이가 가속도가 붙어 뛸 듯이 내려왔다. '설마 부딪치진 않겠지.' 하는 순간, 아이는 승우의 가슴을 확 밀치며 지나갔다. 갑작스런 충격에 승우는 벌러덩 자빠져서 일어나지 못했다.
　"승우야!"
　놀라서 뛰어갔더니, 뒤따라 내려오던 아이 엄마가 얼른 승우를 일으키며 연신 죄송하다고 사과했다. 실수로 부딪쳤지만 계속해서 주변 친구들에게 많이 당했던 승우의 모습이 겹쳐지며 그동안 쌓였던 속상함이 터져 나왔다. 엄마 마음이란 게 참 그렇다.

　남자아이들은 거칠어서 특유의 공격성을 드러낼 때가 있다. 그런 아이들 틈에서 승우는 많이 다치는 편이다. 실수로 휘두른 장난감에 부딪치기도 하고, 공격하는 손길에 맞기도 하고.

　"승우야, 너도 때리지 왜 맞고만 있었어?"

　속이 상해 다그쳐보지만 승우는 내 마음하고 다르다.

　"때리는 건 나쁜 거야. 때리는 거 싫어."

　다정다감한 승우는 폭력적인 것을 싫어한다. 그렇다고 해서 맞고만 있어서도 곤란하다. 이런 상황에서 어떻게 하면 좋을까? 나는 승우에게 누군가 이유 없이 때리거나 괴롭힐 때는 '하지마' 하고 분명히 말하라고 일렀다.

　"승우야, 정말 싫을 때는 발로 한번 뻥 차도 돼."

　"싫어. 무서워서 못 하겠어."

　"안 무서워. 자, 벽에다 한번 연습해봐."

　승우는 고개를 절레절레 흔들었지만, 살살 구슬려서 발차기 연습을 시키기도 했다. 그렇다고 승우가 공격을 받았을 때 연습한 대로 발차기를 하지는 않을 것이다. 그래도 위기의 순간 스스로 자신을 방어할 수 있다는 자신감만은 심어주고 싶다.

　가예는 한때 못되게 말을 하는 친구 때문에 힘들어한 적이 있다.

　"가예야, 그럴 땐 너무 흥분하면 안 돼. 네가 먼저 흥분하고 크게 반응하면 싸움으로 번질 뿐이야. 그냥 무심한 듯 '너나 잘해.' 하고 말해."

"엄마, '됐거든!' 그럴까?"

"웃기니까 그보다 '너나 잘 해.' 하고 무시하고 지나가버려. 그 아이의 표정을 끝까지 살필 필요도 없어. 그냥 쓱 지나가버려. 그게 이기는 거야."

가예와 상황을 설정해서 연습하기도 했다. 물론 다행히 실전에서 가예가 써먹을 일은 생기지 않았다. 그래도 무기 하나가 생긴 것처럼 마음 든든해했다. '그런 상황이 발생해도 난 이겨낼 수 있어.' 하는 심리적 안정감을 얻은 것이다.

❝ 방송에서 만난 감정 코칭 전문가 함규정 선생에게 배운 것이 있다.

"남편하고 싸울 때는 흥분하지 말고 그냥 똑같은 어조로 단호하게 말하세요. 마치 매뉴얼을 읽듯이."

응당 필요한 요구를 할 때는 미안해하지 말고 당당하게 말하라고 했다. 그렇게 말한 다음이 중요한데, 상대의 반응을 살피지 말고 쓱 지나가라는 것이다. 그 요구가 받아들여지지 않았다고 해서 끝까지 부딪쳐서 흥분하지 말라는 것이 핵심이었다. 계속 같은 어조로

'나는 당연히 할 말을 했을 뿐이야.'라는 태도를 유지하라는 것이다.

"표정을 살피지 마세요. 무심하게 행동하세요."

방송하면서 배운 지식을 이렇게 아이한테 적용한다.

"가예야, 알았지? 그냥 쓱 지나가버려. 넌 당연히 할 말을 한 거야. 그 아이 표정은 신경 쓸 필요 없어."

〈승우 이야기〉

"사내자식이 저렇게 마음 여려서 어떻게 클까."

남편은 승우를 보며 걱정한다. 평화주의자이자 로맨틱하고 섬세한 승우가 거친 사내들의 세계에서 상처받고 뒤처질까 걱정인가보다. 하지만 내 생각은 다르다.

"여보, 앞으로는 부드러운 카리스마를 가진 남자들이 더 인정받을 거야. 옛날처럼 거친 남자, 독재자 같은 리더는 필요 없어. 부드럽고 유머감각이 많은 사람들이 각광받고 그런 아이들이 오히려 리더가 되는 세상이 될 거야."

바야흐로 부드러운 카리스마의 시대다. 이제는 여성성이 경쟁력이 되는 시대인 것이다. 그리고 난 우리 승우가 리더가 안 돼도 상관없다. 모두가 리더가 될 수는 없다. 그저 행복한 아이로 자라주기를 바랄 뿐이다.

04

오늘은
하고 싶은 대로 해!

"가윤아, 이번에는 너 하고 싶은 대로 다 해도 돼. 하고 싶은 말 있으면 다 하고, 놀고 싶으면 마음껏 놀아."

"정말? 그래도 돼요?"

"그럼. 위험하지만 않게 네 마음 가는 대로 해."

2014년에 〈빅스타 리틀스타〉라는 TV 프로그램에 가윤이랑 둘만 출연한 적이 있다. 나는 가윤이에게 완전한 자유를 줬다. 그 전에 〈붕어빵〉에 출연했을 때는 솔직히 아이들에게 이래저래 요구사항이 많았다. 이렇게 하면 안 된다, 저렇게 하면 안 된다, 사사건건 지적하고 제지했다. 처음으로 아이들과 함께하는 방송이었기 때문에 '좋은 엄마', '아이들을 잘 키운 엄마'로 보이고 싶은 욕심 때문이었다. 그래서 방송국에 가는 차 안에서 내내 아이들에게 어떻게 행동하고 말해야 하는지 주의를 줬다. 그런데 이번에는 달랐다. 방송을 잘하는 것 이상으로 나한테는 가윤이와 보내는 시간이 중요했다.

〈빅스타 리틀스타〉 녹화 첫날, 가윤이는 거침없이 조잘조잘 떠들었다. 함께 출연한 네 명의 아이들 중에 말도 제일 많이 하고, 진행자인 이휘재 씨한테 당차게 협상을 시도하기도 했다.

"아저씨, 우리도 선물 주면 안 돼요? 우리도 기대하고 있었는데, 1등 한 사람만 가져가면 우린 너무 속상하잖아요."

결국 가윤이의 제안에 모두가 티켓을 선물로 받았다. '우리 애한테 저런 면이 있었나' 싶어 놀랐다. 〈붕어빵〉에 출연했을 때는 우리 아이들은 조용한 편이었다. 게다가 언니와 동생이 같이 출연하니까 가윤이로서는 자기 색깔을 드러낼 일이 별로 없었다. 그랬던 가윤이가 아이들을 담당하던 개그맨 맹승지 씨 마이크를 쓱 뺏으면서 이야기하지 않나, 아빠 엄마의 부부싸움 이야기를 실감나게 폭로해서 박수를 받지 않나, 한마디로 거침이 없었다.

아마 〈붕어빵〉 때였다면 나는 당장 가윤이를 저지했을 것이다. "가윤아, 언니 마이크를 뺏으면 어떡해. 버릇없이 굴면 안 돼." 하면서. 이번에는 꾹 참았다. 가윤이가 마음껏 자유롭게 행동하게 놔두고 싶었다. 그럼으로써 자기 자신을 열어놓게 하고 싶었다.

내 마음속에 있던 부담이나 욕심도 내려놓았다. '방송을 그만둬도 괜찮아. 가윤이가 자기 세계를 실컷 펼칠 수만 있다면 오래 못 나와도 상관없으니 다 이해해줘야지!' 그런 마음이 통했는지, 가윤이는 정말 편안하게 에너지를 발산하며 방송을 했다.

'여기서 내가 마음껏 말해도 누가 나를 혼내거나 가로막지 않는구나. 엄마도 나를 다 받아주네.'

아마 이런 믿음이 가윤이의 태도를 바꿔 놓았나 보다. 작가들도 출연진도, 가윤이가 무척 잘했다고 칭찬해줬다. 그동안 가윤이를 제대로 이해하지 못했다는 생각에 나는 조금 미안해졌다.

❝ 세 아이 중에 유난히 키우기 힘든 아이가 가윤이다. 뭐랄까. 가윤이에게는 내가 이해하지 못하는 어떤 세계가 있다.

"가윤아, 학교 가자. 빨리 준비 해."

가윤이를 등교시킨 후 나도 서둘러 요리학교에 가야 하는 날이었다. 그런데 가윤이는 책상 앞에서 휴대전화를 만지작거릴 뿐 미동이 없었다. 두세 번 말해도 가윤이는 그대로 있었다. 마치 내 말이 안 들리는 것처럼.

"너 뭐해? 빨리 가야 된다니까. 엄마도 늦었어."

결국 신경이 날카로워져서 큰소리가 나왔다.

이렇게 때때로 이해가 안 될 정도로 가윤이는 늑장을 부린다. 나중에 안 사실이지만 그때 가윤이는 자기 생각에 푹 빠진 상태였던 것이다. '휴대전화를 챙겨야 하는데 학교 가야 되니까 꺼야겠다, 학교 가서 끄려다 잊어버릴 수도 있으니까 지금 꺼야지.' 뭐 이런 생각들로 가득 차 내 말이 들리지 않았을지 모른다. 대부분 엄마들은 "엄마 말 안 들려? 너 듣고도 못 들은 척하는 거지?" 하고 쉽게 언성을 높인다. 나도 그랬다. 그런데 정말 그 아이 귀에는 안 들릴 수 있다는 걸 알았다.

가윤이는 칭찬을 먹으며 자라는 아이다. 밥을 먹을 때도 칭찬을 해주면 정말 회오리바람처럼 순식간에 먹는다. 반면에 "가윤아, 빨리 먹어. 빨리 가야 된다고. 제발 빨리빨리 좀 해!" 하고 채근할수록 오히려 행동은 한없이 느려진다. 심지어 야단을 맞고도 한 시간 넘게 밥을 먹은 적도 있다.

일종의 '수동공격형' 행동이다. 수동공격형은 스트레스를 받는 순간부터 행동이 느려진다. 일부러 그러는 게 아니다. 성격 급한 엄마는 답답해할 수밖에 없지만, 다그친다고 달라지지 않는다. 있는 그대로 인정하고 이해해주는 수밖에 없다. 그 사실을 알고 나도 가윤이를 있는 그대로 인정하고 이해하려고 노력했다. 그랬더니 방송에서 이런 뜻밖의 모습을 발견하게 됐다. 가윤이에게 무대를 즐길 줄 아는 끼가 있었다니!

물론 여전히 불쑥불쑥 가윤이가 답답하고 이해하기 힘든 때가 있다. 부모인 내가 더 노력해야 한다는 것을 안다. 부모에게 아직 '익숙하지 않은 아이'일 뿐인데, 그동안 '나쁜 아이', '말 안 듣는 아이', '문제 있는 아이'로 낙인찍은 것은 아닐까? 조금 더 섬세하게 아이를 지켜보며 내 안에 스스로 만든 그런 오해를 지워야겠다.

아이의 기를 살리는
엄마의 공감말

"가윤아, 이번 녹화에는 너 하고 싶은 대로 다 해도 돼. 하고 싶은 말 있으면 다 하고, 놀고 싶으면 마음껏 놀아."

"정말? 그래도 돼요?"

"그럼. 위험하지만 않게 네 마음 가는 대로 해."

〈수현 생각〉

어느 날, 시어머니에게 꾸지람을 듣고 있는데, 갑자기 가윤이가 나서며 한마디 했다.

"할머니! 우리 엄마는 그렇지 않아요."

어머님도 나도 깜짝 놀랐다. 가윤이는 뭔가 부당한 상황이라고 느껴졌나 보다. 그래도 그렇지, 그렇게 용감하게 끼어들어 내 편을 드는 모습에 감동했다. 평소 가윤이는 어디 놀러 가도 어린아이를 보살피고 부당하다고 느낄 때는 어른에게도 할 말 하는 아이였지만 조금 놀랐다.

아이들에게 3천 원씩 주면서 바자회에서 사고 싶은 거 있으면 사라고 했더니, 가윤이는 사고 싶은 것도 사고 거기에 5천 원까지 더 벌어왔다. 자기가 산 물건을 팔고 또 팔고 해서 차익을 남긴 것이다. 가윤이의 능력은 엉뚱한 데서 새록새록 발견된다.

가윤아, 엄마가 더 많이 이해할게. 마음껏 날개를 펼쳐!

몹시
속상했구나!

가예에게 통화기능만 있는 구형 휴대전화를 사줬다. 학교가 멀어 나나 외할머니가 데리러 가야 하기 때문에 연락용으로 필요했다.

새 학년에 올라가고 얼마 안 되었을 때 가예가 씩씩거리며 학교에서 돌아왔다.

"진짜 너무 못됐어. 어떤 애가 '넌 돈 없어서 그런 휴대전화 샀냐? 난 스마트폰인데….' 하면서 막 놀렸어."

구형 휴대전화였지만 가예한테는 금쪽같은데, 기분이 몹시 상했나 보다.

"뭐라구? 그 아이 이름이 뭐야? 내가 당장 교실로 갈 테니까 데리고 와! 이노무시키~."

나는 더 씩씩거리며 가예의 편을 들어줬다. 내가 더 흥분하는 걸 보더니 가예의 속상한 마음이 금세 풀어졌다. 오래전부터 즐겨 쓰는 방법이다.

가예가 일곱 살 때 괴롭히던 여자애가 있었다. 그 아이 때문에 가예는 만날 속상해하고 스트레스를 받았다. 당시 여행을 가서 저녁에 모닥불 앞에서 얘기하면서 내가 더 흥분해가며 그 아이에 대해 말했다.

"이 박○○ 뚱뚱보! 나빠! 진짜 가만 안 둘 거야. 왜 이렇게 괴롭혀!"

가예도 마음에 맺혔던 말들을 시원하게 쏟아냈다.

"박○○! 세상에서 제일 바보!"

우리는 마구 내뱉다가 결국 깔깔대며 실컷 웃었다. 자기 마음을 이해해주고 공감해준 것만으로 가예의 마음속이 후련해졌다. 그렇게 쏟아내고 나면 유치원에서 그 아이와 마주치거나 괴롭힘을 받더라도 훨씬 견딜 힘이 생긴다.

형제들끼리는 싸우면서 큰다. 나이 차이가 많이 나도 아

아이의 기를 살리는
엄마의 공감말

이들은 싸운다. 가예도 가끔은 막내 승우랑 유치하게 장난감 가지고 싸운다.

하루는 승우와 장난감 때문에 아옹다옹해서 장난감 두 개 다 부숴버릴 거라고 했더니, 가예가 울면서 방으로 들어갔다. 어떤 상황인지 뻔히 보여 가만히 있었다. 화가 난 가예에게 가서 "왜 화났니?" 말을 걸면 "네가 몇 살인데 겨우 그런 일로 화를 내?" 하며 나도 발끈할 것 같았다. 그러면 가예는 '엄마는 날 이해하지 못해.' 하며 더 화낼 거고. 그래서 달래지 않고 그대로 두었다.

한 시간이나 지났을까. 가예가 방에서 나왔다. 엄마가 관심을 안 보이면 아이들은 제풀에 궁금해서 나온다. 다른 이야기를 하다 보면 스리슬쩍 화가 풀린다. 한참 후 가예가 말했다.

"난 엄마가 승우만 좋아하는 줄 알았어."

"왜?"

"승우가 잘못한 건데 엄마가 내 걸 부수라고 했잖아."

"네 것만 부수라고 한 건 아니고 승우 것도 같이 부수라고 한 건데. 네가 그렇게 들었다면 정말 속상했겠다."

아이는 변명을 하고 싶었던 것이다. 자기가 싸우고 울며 화냈던 일에 대한 변명. 순간 공감해줘야겠다 싶었다. 그래서 처음에는 나도 상황에 대해 시시비비를 가리려고 했다가 재빨리 덧붙였다.

"정말 속상했겠네, 미안. 다음부터 조심할게."

때로는 이런 말이 영혼 없이 나오기도 한다. 엄마도 사람이니까 그때 내 머릿속이 복잡할 수도 있고, 아이의 말에 진심으로 공감할 수 없을 수도 있다. 그래도 말을 하는 것이 중요하다. 내가 너를 이해하고 공감한다는 말. 이것을 입 밖으로 표현해주는 것만으로도 충분하다. 아이에게는 그 한마디면 된다.

"난 엄마가 승우만 좋아 하는 줄 알았어."

"왜?"

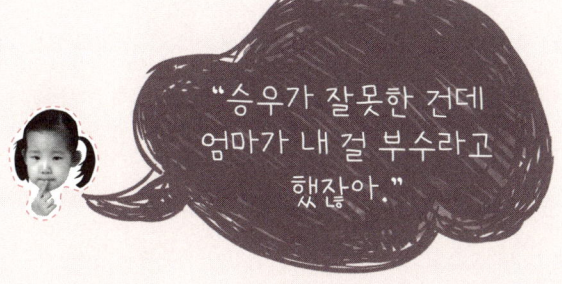

"승우가 잘못한 건데 엄마가 내 걸 부수라고 했잖아."

"네 것만 부수라고 한 건 아니고 승우 것도 같이 부수라고 한 건데. 네가 그렇게 들었다면 정말 속상했겠다. 미안. 다음부터 조심할게."

〈수현 생각〉

    누가 내 자식을 괴롭히면 정말 속상하다. 그렇다고 아이나 그 부모를 대면해서 문제를 푸는 것만이 해결의 전부는 아니다. 그 아이가 미워서가 아니라 내 자식이 아파하고 힘들어하기 때문에 속상한 거니까.

    나는 감정이입이 잘되어 아이가 힘들어하면 그대로 나에게도 전이된다. 그래서 같이 울고 같이 흥분하기도 한다. 아이한테는 그것만으로도 충분한 위로가 된다.

    공감해주고 같이 속상해하면, 아이는 바로 거기에서 힘을 얻는다. 외롭지 않기 때문에. 내 뒤에는 나를 사랑하고 이해하는 사람이 있다는 사실을 또다시 확인하기 때문이다.

    친구를 미워하면 안 되고, 친하게 지내야 하는 등 옳고 바른 말을 할 수도 있겠지만, 그보다 더 중요한 것은 아이의 감정을 이해해주는 것이 아닐까.

06
학교 모둠이 싫으면
우리끼리 만들까?

한창 요리 수업이 진행되고 있었다. 수업 중에 걸려 온 전화를 받았더니 가윤이가 울먹이며 말한다.

"엄마. 내가 잘못한 것도 아닌데 안 좋은 모둠에 들어가서 파란 스티커를 두 개나 받았어."

파란 스티커는 잘못했을 때 받는 경고 스티커다.

"속상했겠네. 엄마 수업 중이니까 이따 집에 가서 얘기하자."

집에 돌아와 그 이야기를 다시 물어봤다.

"가윤아, 모둠에서 누가 그렇게 말썽을 부려?"

가윤이는 어떤 한 아이에 대해 이야기했다.

"그 아이랑 어차피 같은 모둠이 됐기 때문에 이제 좋은 스티커 받기는 어렵겠다. 방법이 없는데 어떡하지?"

그러자 가윤이는 또 울먹울먹한다.

"우리끼리 모둠을 만들자. 우리 식구끼리 모둠을 만들어서 잘할 때마다 빨간 스티커를 하나씩 올리자. 우리 모둠은 계속 올라가는 것만 하는 거야! 알았지?"

이때 옆에서 가예가 한술 더 뜬다.

"그래, 엄마. 밥 잘 먹으면 스티커 하나 붙여주고, 정리 잘하면 또 하나 붙여주고."

가윤이는 그 말에 금세 웃으며 방에서 스티커들을 잔뜩 가져왔다. 어느새 학교에서 받은 스트레스는 날아간 것 같았다.

❝ 아이들은 문제가 생겼을 때 어떻게 대처하거나 해결해야 할지 모른다. 그래서 "싫어!"라거나 "미워!"라며 간단하게 말해버리기 일쑤다. 사랑의 아이콘인 가윤이는 친구들 모두와 잘 지내고 싶고, 모두에게 사랑받고 싶은데 그게 어디 쉬운가. 자기가 감당할 수 없는 말썽쟁이 친구를 만나면 "싫어!"라는 말로 표현하고 만다.

"짝이 너무 싫어. 너무 싫은 짝이 됐어." 하면서 집에 와서 막 울기도 한다.

"도대체 어떤 짝인데?"

"너무 말썽꾸러기고 애들을 막 괴롭혀. 선생님이 왜 나랑 그 아이를 짝이 되게 했는지 모르겠어."

공감도 중요하지만 이럴 때는 논리적인 설명도 필요하다. 왜냐하면 짝은 계속 바뀌기 때문에 언제 또 이런 일이 벌어질지 모른다. 매번 우는 걸 볼 수는 없다.

"너희 반 남자아이가 몇 명이지?"

"열다섯 명."

"그럼 그중에 네가 짝이 되고 싶은 아이는 몇 명이야? 한번 세어봐."

"세 명."

"그 세 명이 너랑 짝이 될 수 있는 확률은 얼마가 될지 생각해볼까? 짝이 바뀌고 바뀌고 바뀌고 해야 한 명과 짝이 될 수 있고, 열다섯 명이니까, 바뀌고 바뀌고 해야 또 한 명과 짝이 될 수 있네. 지금 짝이 된 지 얼마 안 됐는데 그럼 나머지 네 번은 네가 다 싫어하는 아이와 짝이 될 수밖에 없네. 네가 좋아하는 애랑 짝이 될 수 있는 확률은 매우 적고, 일 년 안에 그 나머지 세 명이랑 짝이 될 수 있는 일은 거의 없다고 생각하면 돼. 그러니까 짝 바꾸는 일에 너무 스트레스 받지 마."

상황을 바꿀 수 없다면 받아들여야 한다는 사실을 알려준 거다.

가윤이는 금세 이해를 한다. 아이가 뭔가 싫다는 얘기를 할 때는 그것을 구체화시켜서 확률로 말해주곤 한다. '나한테 좋은 일이 생길 확률은 얼마나 되지?' 왜냐면 좋아하는 짝을 만날 수 있는 확률이 낮다는 것을 알아야 스트레스를 안 받기 때문이다.

그 덕분인지 이제는 가윤이도 이렇게 말한다.

"엄마, 내 짝이 너무 싫어. 그래도 다행이야. 다음 주에 또 짝을 바꾸니까."

문제해결 방법을 조금씩 알아가는 것이다.

아 이 의 기 를 살 리 는
엄마의 공감말

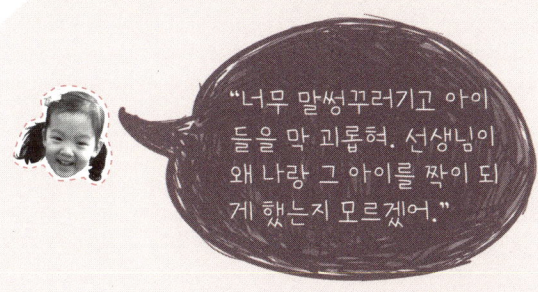
"너무 말썽꾸러기고 아이들을 막 괴롭혀. 선생님이 왜 나랑 그 아이를 짝이 되게 했는지 모르겠어."

"너희 반 남자아이가 몇 명이지?"

"열다섯 명."

"그럼 그중에 네가 짝하고 싶은 애가 몇 명이야? 한번 세어봐."

"세 명."

"그 세 명이 너랑 짝이 될 수 있는 확률은 얼마가 될지 생각해볼까? 짝이 바뀌고 바뀌고 바뀌고 해야 한 명과 짝 될 수 있고, 열다섯 명이니까, 바뀌고 바뀌고 해야 또 한 명과 짝이 될 수 있네. 일 년 안에 그 나머지 세 명이랑 짝이 될 수 있는 일은 거의 없다고 생각하면 돼. 그러니까 짝 바꾸는 일에 너무 스트레스 받지 마."

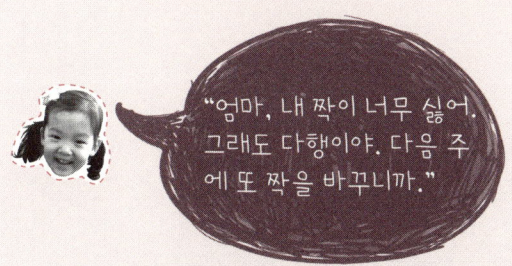
"엄마, 내 짝이 너무 싫어. 그래도 다행이야. 다음 주에 또 짝을 바꾸니까."

〈가예 이야기〉

가예는 재치덩어리다. 그리고 가윤이와 승우를 돌볼 때 아주 훌륭한 도우미가 돼준다.

승우가 양치를 안 하고 잠을 자려고 했을 때 내가 "승우야, 입에 벌레가 생기는데 그 벌레가 너를 잡아먹을지도 몰라." 하고 말했더니, 가예가 으스스한 목소리로 덧붙인다. "엄마, 그 벌레 우리가 봤잖아. 그 벌레 완전 파랗고 무섭게 생겼잖아." 승우는 당장 뛰어가 양치를 했다.

시장을 보고 집으로 오는 동안 승우는 으레 잠이 든다. 장 본 것도 많은데 잠든 승우까지 안고 가려면 너무 힘들다. 그래서 승우가 잠들지 않게 이래저래 말을 건다.

"승우야, 너 아까 마트에서 과자 사먹고 입에 병균들이 막 있는데, 지금 그대로 자려는 거야?" 그럼 가예는 한 술 더 뜬다.

"엄마, 나 저번에 마트 갔다 와서 그냥 잠든 애 봤는데 걔 수술하더라. 입 속 벌레가 완전 잇몸까지 파고들었대. 수술하는 거 봤어." 너무나 실감나게 이야기를 하면 승우가 벌떡 깬다.

어쩜 술술술 이야기를 잘도 만들어내는지. 죽이 잘 맞는 내 파트너!

아이의 기를 살리는
엄마의 공감말

07

천천히 가도 괜찮아!
건강하게만 커다오

승우는 일곱 살이 되도록 한글을 잘 쓰지 못했다. 할아버지 앞에서 '이승우'라는 자기 이름을 쓰는데, 작대기 하나 그리고 그 옆에 동그라미를 그렸다. 그게 '이'자란다. 동그라미부터 그리고 그 위에 작대기 눕혀놓고 또 그 위에 작대기 두 개 포개놓고는 '승'이라나.

아버님이 이 모습을 보시고 충격을 받으셨다. 처음에는 웃으시더니 점점 표정이 굳어졌다. '내 손자가 이것밖에 안 되나.' 하는 마음이 모니터에 비치듯 다 느껴졌다.

"하하! 아버님, 얘 웃기죠?"

나는 그 분위기를 풀어보려 과장되게 웃었다. 내가 웃자 승우도 씩~ 웃는다.

시부모님은 외아들인 승우에 대한 기대가 크다. 그래서 다른 아이들보다 늦되는 손자를 보며 답답해하실 때가 있다. 하지만 나는 거기에 휘둘리지 않는다. 아버님한테 잘 보이고자 했다면 승우를 앉혀놓고 자기 이름 쓰기를 연습시켰을 것이다. 하지만 그게 뭐 그리 중요한가.

입학을 코앞에 두고 있어서 조금씩 한글이나 수학 공부를 시키지만 승우가 하기 싫어하면 그마저도 강요하지 않는다.

"승우야, 하기 싫으면 안 해도 돼. 우리 수영장이나 갈까?"

승우가 다섯 살 때였다. 유치원에서 전화가 왔다.

"어머님, 승우가 코를 다쳤어요. 성형외과 잘 아는 곳 있으면 알려주세요. 거기로 데려가야 할 것 같아요."

가예를 집에 데려다주던 길이었다. '어떡해야 되지?' 놀라서 판단이 잘 서지 않았다. 잠시 후 다시 전화가 걸려 왔다.

"근데, 어머니, 피가 너무 많이 나서 응급실로 가야 할 것 같아요. 저희가 먼저 데려갈 테니까 바로 성모병원 응급실로 와주세요."

그 순간 힘이 쭉 빠졌다.

"가예야, 어떡하지? 어떡하지?"

당황하는 나를 오히려 가예가 안심시켰다. 일단 가예를 집에 내려주고 친정엄마한테 전화를 했다.

"엄마, 성모병원으로 좀 와줘."

전화를 끊고 최대한 천천히 운전을 해서 병원으로 향했다. 승우 일을 처리하려면 내가 사고가 나면 안 된다는 생각에 극도로 조심하며 운전을 했다. 손발이 떨렸다. 가까스로 병원에 도착했지만 주차장까지는 도저히 갈 수가 없었다.

"아저씨, 정말 죄송한데 제 아들이 다쳤어요. 서둘러 응급실에 가야 해요."

나는 주차요원한테 차 열쇠를 주면서 주차를 부탁했다. 혼이 나간 것처럼 응급실을 뒤지는데 엄마가 나를 불렀다. 10분 거리인 서래마을에서 온 나보다 우면동에서 온 엄마가 더 빨리 도착해 계셨다. 바람처럼 날아오신 거다.

"수현아, 승우 여기 있어."

승우는 엄마 품에 안겨 있었다. 코에 휴지를 대고 지혈을 시키고 있었다. 승우는 나를 보자 아프고 무서웠던 게 생각났는지 갑자기 엉엉 울어댔다. 그 옆에서 나도 덩달아 울고.

승우는 그 후로 한 번 더 응급실 신세를 졌다. 두 번째 부상을 당했을 때는 나를 용서할 수 없었다. 나와 같이 있었는데 아이한테 주의를 기울이지 못한 사이에 벌어진 사고였기 때문이다. 친구들과 아이들을 데리고 놀러갔을 때, 엄마들끼리 수다를 떠는 동안 따로 놀던 승우가 넘어져 이마가 찢어진 것이다. 그날 30바늘이나 꿰매야 했다.

　아이 이마에서 분수처럼 솟아오르는 피를 봤다. 병원으로 향하는 내내 내 기도는 '죽지 않게만 해주세요.'였다. 그 일은 평생 잊을 수 없을 것 같다. 나에 대한 자책감과 함께.

　그 후로 승우한테 바라는 것은 딱 한 가지다. 다치지 않는 것.

　아이가 몇 번 크게 다친 후로는 사람이 태어나서 큰 탈 없이 어른이 된다는 것이 참 쉽지 않은 일이라는 생각을 하게 되었다. 그래서 나는 승우가 사고 없이 건강하게 커달라고만 기도한다.

　다른 아이들보다 성적이 뒤처져도 괜찮다. 다짐도 했다. '절대로 승우에게 공부하라고 안 할 거야. 대신 다치지 말고 건강하게만 자라줘.'

<승우 이야기>

승우는 또래에 비해 키도, 머리둘레도 크다. 영유아 건강검진을 했을 때 키는 백 명 중에 스무 번째로, 머리둘레는 백 명 중에 두 번째로 컸다.

평소 얌전하게 노는 편이지만 운동신경이 둔해서 조금만 방심해도 잘 다쳤다. 머리가 커서 균형을 잘 못 잡기 일쑤고 넘어질 때도 많다. 그럴 때면 유독 머리를 다쳤다. 그래서 승우에게 항상 주의를 준다.

"조심해!" 승우가 신체발달이 뛰어난 아이가 아니라는 것은 검사결과에서도 나온다. 어렸을 때도 한발 서기, 두발로 같이 뛰기 같은 걸 시키면 조금 엉성했다. 10점 만점을 받은 적이 없었는데, 아이가 12월생이라 그런가보다 생각했다. 그런데 그게 아니었다. 이 아이의 운동신경과 신체 특성의 문제였다. 이런 아이들은 크게 다칠 수 있기 때문에 엄마가 눈을 떼면 안 된다.

약하고 잘 다쳐서 운동을 시키기도 쉽지 않다. 다행히도 수영을 배워 틈틈이 수영장에 데려간다. 잠수도 잘하고 돌고래처럼 수영하는 모습이 귀엽다. 그거면 됐지, 뭐!

기다릴 줄 아는
엄마의 격려말

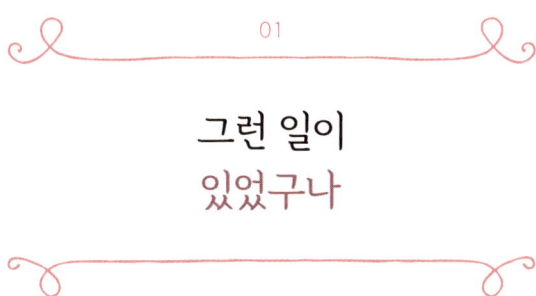

그런 일이
있었구나

"엄마, 오늘 학교에 구급차가 왔어."

집에 온 가예가 눈을 동그랗게 뜨고 말했다.

"어떤 애가 다쳐서 구급차에 실려 갔어."

가예보다 눈을 더 동그랗게 뜨고 놀란 표정을 지을 일이었지만, 나는 최대한 감정을 자제하며 말했다.

"그랬어? 많이 다쳤나 보구나. 너희 반이야?"

떨리는 목소리도 꾹꾹 진정시키고 평소 대화와 다를 바 없이 말을 이어갔다. 가예도 흥분을 가라앉히고 찬찬히 그 상황을 이야기했다. 어떤 아이가 친구를 밀쳤고 어깨를 다쳐 구급차가 왔다고. 나중에 그 일로 선생님까지 그만두게 되면서 학교를 발칵 뒤집어놓는 사건으로 비화되었다. 그 정도로 큰일이었지만 나는 호들갑 떨지 않고 아이 말을 들어줬다. 실은 정말 깜짝 놀라서 심장이 쿵 하는 걸 겨우겨우 참았다.

EBS 〈부모〉에서 만났던 오은영 선생이 강조하는 말이 있다.

"아이가 무슨 말을 하든 엄마는 표현을 크게 하지 마세요. 그래야 앞으로도 엄마한테 거짓말하지 않고 무슨 얘기든 술술 하게 될 거예요."

아이들의 기준은 어른과 다른데, 어른은 어른의 잣대로 판단하며 과잉반응을 보인다는 것이다. 그러면 아이에게 각인되는 게 달라질 수 있다고 한다.

"엄마, 영희가 철수를 좋아해서 뽀뽀를 했대."라고 아이가 말했을 때, 기겁을 하며 "뭐! 다섯 살이 벌써 뽀뽀를 해? 세상에!" 하는 식의 반응은 금물이라는 것이다.

아이한테는 "오늘 레고 했어.", "집 앞에서 나비 봤어." 이런 얘기와 다를 게 없는 말인데 엄마의 반응 때문에 그 사건을 더 크게 인식하게 된다고 한다. 그리고 다시는 이런 얘기는 엄마한테 하면 안 되겠다고 생각한다. 도대체 이 일이 어떤 일이기에 어른들이 놀라는지 호기심도 갖게 된다.

"아, 우리 엄마는 요런 얘기를 해도 깜짝 놀라는 엄마니까 다시

기다릴 줄 아는
엄마의 격려말

는 엄마한테 이런 얘기를 하면 안 되겠다, 라고 설명해주는 거랑 똑같아요."라고 오은영 선생은 말했다.

❝ 내가 침착하게 반응하게 된 데는 계기가 있었다.
"선생님, 가예가 거짓말을 했어요. 어쩌죠?"
EBS 〈부모〉를 진행할 때, 나는 아침 생방송 스튜디오에서 만난 오은영 선생한테 걱정스럽게 물었다. 다섯 살이던 가예가 전날 유치원에서 돌아오며 아주 예쁜 머리핀을 가지고 온 것이다.
"이거 어디서 났어?" 하고 물었더니 가예는 "친구가 줬어."라고 대답했다. 친구가 이렇게 예쁘고 비싸 보이는 핀을 왜 줬을까 싶었다. 혹시나 하는 마음에 유치원 선생님한테 전화를 했다.
"선생님, 가예가 머리핀을 하나 가져왔는데요, 친구가 줬다는데 이게 어떻게 된 건지 알아봐주시겠어요?"
선생님은 그렇지 않아도 그 아이 엄마로부터 비싼 핀이 없어졌다는 얘기를 들었다고 했다. 나중에 가예에게 물어보니 친구가 떨어뜨려 잃어버린 핀을 주워 온 것이었다. 너무 놀랐다. 가예가, 그렇게 착한 아이가 거짓말을 하다니.
이 얘기를 듣고 오은영 선생은 웃으면서 말했다.
"그건 거짓말이 아니에요. 갖고 싶어서 가져왔을 뿐이에요."

말하지 않고 그냥 집어왔을 뿐이지, 내가 생각하는 것처럼 슬쩍 훔쳐온 것은 아니라는 것이다.

다섯 살 아이의 눈높이는 어른과 다르다. 그런데 나는 아이를 나의 시선, 나의 눈높이로만 보고 부정적으로 판단했다. 만약 내가 그 일로 아이가 마치 갖고 싶어서 거짓말을 하며 물건을 슬쩍 해온 것처럼 취급한다면, 아이에게도 죄책감이 생길 것이다. 그리고 엄마한테는 일단 뭐든 숨기려 할 것이다.

그 이후 나는 아이들이 무슨 이야기를 하든 감정적으로 동요하지 않고 놀란 티를 내지 않으려고 한다. 이런 상황에서 우리 엄마는 '헉!' 하며 놀라는 사람이라는 걸 들키면 안 된다. 그 순간 아이는 자기검열을 시작할 테니까. 아이를 위해서다. 아이의 눈높이는 어른의 눈높이와 다르다. 그것만 명심하면 된다.

기 다 릴 줄 아 는
엄마의 격려말

〈수현 생각〉

    나는 방송에서도 방청객 수준이라는 말을 들을 정도로 리액션이 좋기로 유명하다. 아이들에게도 다를 바 없다. 웃길 때는 크게 웃고, 속상할 때는 크게 속상해한다. 하지만 아이가 어떤 이야기를 꺼낼 때는 최대한 평정심을 유지하려고 한다.
    가예는 이제 사춘기를 맞고 있다. 점점 말하기 곤란하고 불편한 것도 늘어갈 텐데 엄마한테는 이야기 못 하겠다는 마음이 들게 하고 싶지 않다. 집은 편안한 곳, 엄마는 어떤 말이든 들어주는 사람이라는 생각을 항상 가지기를 바란다. 사춘기가 돼도 나를 편안하게 내버려두는 엄마, 무슨 말을 해도 이해하는 엄마, 그런 엄마가 되고 싶다.

02

언제 이렇게
잘하게 된 거지?

어느 날 가윤이가 신이 나서 말했다.

"엄마, 나 네 개밖에 안 틀렸어."

받아쓰기 점수 이야기다. 열 문제 중에 네 개밖에 안 틀렸다며….

"60점이네. 그렇게 잘한 거 같지는 않은데?"

나는 그렇게 말했지만 시험지를 보자는 말도, 왜 그것밖에 못 했느냐는 말도 하지 않았다. 다음번 받아쓰기 보는 날, 가윤이는 더 큰 소리로 달려왔다.

기 다 릴 줄 아 는
엄마의 격려말

"엄마, 나 정말 잘했어. 80점이야!"

"와, 진짜 잘했다."

나는 진심으로 칭찬해줬다. 성적에 신경 쓰지 않지만 아이가 스스로 기뻐하며 자랑스러워하는 모습이 기분 좋았다.

첫아이인 가예 때는 유치원에 다닐 때부터 한글 쓰기 책을 사다 주며 공부를 시켰다. "똑같이 따라 써." 하면서 글 쓰는 칸에 쏙쏙 들어가도록 연습을 시켰다. "글씨를 중앙에 맞춰 쓰라고 점선이 그려진 거니까 잘 맞추도록 노력해봐." 하면서 하나부터 열까지 다 가르쳐줬다. 그러나 가윤이는 연습 한번 안 시켰더니 글씨가 춤을 춘다. 맞춤법도 다 틀리고.

그런데 며칠 전 가윤이가 숙제하는 모습을 보다 공책에 시선이 박혔다. 글씨를 정말 잘 쓰는 게 아닌가.

"가윤아, 너 이게 웬일이야? 글씨를 정말 잘 쓰네."

그러자 가윤이가 노트를 번쩍 들어 보이며 으쓱했다.

"이렇게 쓴 지 오래됐어."

"와! 진짜 신기하다. 가윤아 자세히 보게 노트 좀 줘봐. 어쩜 이렇게 잘 썼어?"

과장된 칭찬이 아니라 진실한 내 마음을 표현했다. 정말 경이로웠다. 삐뚤빼뚤하던 글씨였는데 엄마의 도움 한번 받지 않고 저렇게 변할 수 있었을까.

나는 또 한 번 깨달았다. 모든 일은 반드시 바른 방향으로 가게 마련이라는 '사필귀정事必歸正'이라는 말이 있듯이, 아이도 결국은 스스로 알아서 좋은 방향으로 커간다는 것을. 기다리면 아이는 스스로 제 길을 찾아간다.

엄마가 붙잡아 앉혀서 가르치지 않아도 가윤이는 때가 되니까 의젓하게 글씨도 쓰고 스스로 숙제도 했다. 혼자서 단어시험 공부도 하는 모습을 보고 웃음이 터져 나왔다. 저 조그만 아이가 스스로 공부를 한다고 끼적거리는 모습이 귀엽기도 하고 안쓰럽기도 하고 대견하기도 했다.

그런데 궁금하긴 하다. 가윤이한테 어떤 계기가 있었던 걸까? 글씨를 못 쓰는 게 창피하다고 느껴서 고쳤나? 다음에 한번 물어봐야겠다.

"가르치기 너무 힘드네요."

가윤이 피아노 선생님이 한숨을 쉬며 말했다. 아무리 반복해도 아이가 받아들이지 못해 진도가 늘지 않으니 그럴 만도 하다.

가윤이는 새로운 것을 배울 때 무척 더디다. 받아들이는 속도가 너무 늦어서 옆에서 보는 사람도 지친다.

"선생님, 가윤이가 탄력을 받으면 열심히 하니까 조금만 기다려주세요. 저도 급하게 생각하지 않으니 걱정하지 마시고요."

기 다 릴 줄 아 는
엄마의 격려말

그러던 가윤이가 어느 정도 시간이 지난 후 "너, 참 잘하는구나." 하는 말을 들었다. 드디어 탄력을 받은 가윤이는 미친 듯이 속도를 내기 시작했다. 자기 스스로 해야겠다는 동기를 찾으면 누구보다 무섭게 파고든다. 또한 그런 믿음이 내게 있다.

우리 언니를 보면서 느낀 점이 있다. 그림에는 천부적 재능이 있었지만 공부는 싫어했던 언니에게 엄마는 비싼 과외를 시켜가며 교육열을 불태웠다. 그러나 욕심만큼 좋은 대학을 가지 못했다. 공부에 취미도 붙이지 못했다. 그러던 언니가 지금은 틈만 나면 책을 붙들고 있다. 결혼해서 아이까지 키우면서 대학원을 다니고 열심히 공부한다. 누가 시켜서도 아니고 자기가 좋아서 택한 일이다. 그런 언니를 보면서 새삼 느낀다. '모든 게 다 때가 있구나.'

나는 앞으로도 가윤이에게 굳이 공부를 시켜 점수를 올리려 하지 않을 것이다. 그걸 지켜보며 나도 부글부글 속을 끓일 테고 아이도 스트레스를 받을 텐데, 그럴 필요가 있을까? 조금 늦더라도 가윤이가 스스로 흥미를 붙여 해나갈 때 격려만 해줄 것이다. 아니, 지나친 격려도 하지 말아야겠다. 그것이 또 부담이 되면 안 되니까.

"엄마, 나 네 개밖에 안 틀렸어."

"60점이네. 그렇게 잘 한 거 같지는 않은데."

"엄마, 나 정말 잘했어. 80점이야!"

"와, 진짜 잘했다."

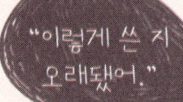
"가윤아, 너 이게 웬일이야. 글씨를 정말 잘 쓰네."

"이렇게 쓴 지 오래됐어."

"와! 진짜 신기하다. 가윤아 자세히 보게 노트 좀 줘봐. 어쩜 이렇게 잘 썼어?"

〈수현 생각〉

    내가 바쁘게 활동하는 동안 맏딸 가예는 엄마 역할의 3분의 1을 한다. 나도 안 챙기는 가윤이 공부까지 챙긴다. 부탁한 것도 아닌데 가예는 가윤이한테 구구단을 외게 하고 단어 공부를 시킨다.
    "가윤아, 너 빨리 3단 외워봐!"
    어쩌면 그러면서 자신의 우위를 동생한테 확인시키는지도 모르겠다. 가윤이도 언니 말을 잘 따른다. "언니가 엄마도 아니면서 왜 그래?" 할 수도 있는데, 가윤이는 반발하지 않고 오히려 재밌어 하며 잘 따른다.
    누나들이 마치 선생님 놀이하듯 재밌게 공부하는 모습을 보고 승우도 괜히 따라서 글씨를 쓴다. 아이들은 그렇게 서로 보고 배우고 영향 받으며 자라나 보다. 엄마는 칭찬하며 살짝 거드니 아이들이 스스로 알아서 한다.

03

재미있으면
됐어!

승우와 수영장을 갔다. 아빠와 함께 온 아이가 물총을 가지고 놀고 있었다. 승우는 재미있어 보였는지 그 아이 옆에 다가갔다. 그러고는 "나한테 쏴, 나한테 쏴!" 하며 가슴을 앞으로 내밀었다. 그 아이는 거기다 물총을 마구 뿜어댔다. 총도 없는 승우는 계속 맞기만 하면서도 좋아했다.

안쓰러웠지만 승우가 얼마나 행복해하는지 잘 아니까 딱 한마디만 했다.

"얼굴에는 쏘면 안 돼."

기 다 릴 줄 아 는
엄마의 격려말

엄마 마음도 모르고 승우는 여전히 행복해하며 물총을 신나게 맞는다.

"내가 도망갈 테니까 나한테 쏴."

아이고 우리 아들. 하지만 이런 모습을 본 게 처음은 아니다.

승우가 여섯 살 때였다. 오랜만에 시간이 나서 승우가 유치원 옆 놀이터에서 노는 걸 한참 지켜봤다. 승우 말고도 네다섯 명 아이들이 놀고 있었는데 그 아이들은 다 친해 보였다. 승우만 겉돌고 있었다. 물어보니 그 아이들은 모두 같은 반이고 승우만 다른 반이라고 했다.

사내아이들답게 뛰고 달리며 신나게 노는데, 내 아들만 끼지 못하고 히죽히죽 부럽게 보고 있었다. 그걸 지켜보는 나는 속이 상했다. 다행히 조금 있으니 승우도 끼워주었는데 승우에게 자꾸만 술래를 맡기는 게 아닌가. 내 눈에는 약한 애를 놀려먹는 게 다 보이는데, 승우는 그래도 신난다며 연신 웃고 있다. 자기가 술래가 되더라도 같이 노는 게 좋은 모양이다.

한두 번은 지켜봤지만 계속 당하는 걸 보자니 속이 부글부글 끓었다. 결국 못 참고 놀고 있는 승우의 손목을 낚아챘다.

"승우야, 그만 집에 가자."

갑자기 화가 치밀었다. 그런데 승우는 오히려 완강하게 버티며 나를 원망했다.

"왜? 나 안 가. 재밌는데 왜 집에 가자고 해?"

승우는 정말 즐기고 있었던 것이다.

"술래만 하는데도 재밌어?"

"재미있단 말이야. 엄마 저리 가!"

승우는 울기 직전이었다. 당혹스러웠지만 아이 손을 놓고 벤치로 다시 돌아갔다. 승우는 다시 아이들 틈으로 돌아가 열심히 술래를 계속했다.

벤치에 앉아 가만히 생각을 정리해봤다.

'이건 엄마인 내 시각일 뿐일까? 아이에게는 하나도 중요하지 않은 문제인데, 나만 속상해하는 것일까?'

아이와 어른의 시각은 다르다. '당한다'는 생각은 어른인 내 시각일 뿐, 아이들은 그저 지금 즐거우면 그만이다. 나는 그냥 승우의 뜻을 받아들이기로 하고 한참을 기다렸다. 속으로 '으이그, 저 자존심도 없는 녀석!' 혀를 차긴 했지만.

나중에 승우는 놀이터에서 놀던 아이들 몇 명과 같은 반이 되었다. 그동안은 자기들끼리만 그룹 지어 놀던, 그래서 내가 색안경 끼고 봤던 그 아이들이 승우와 자연스럽게 어울려 놀았다. 같은 반이니까 자기들 무리라고 생각했나 보다. 내 고민도 자연스럽게 해결됐다.

만약 그때 내가 섣불리 판단해서 아이를 억지로 데리고 왔다면?

기 다 릴 줄 아 는
엄마의 격려말

그래서 다시는 어울리지 못하게 했다면 어땠을까? 아니, 팔 걷어붙이고 그 아이들한테 가서 "왜 너희들 승우만 따돌리니?" 하며 개입했다면? 상상만으로도 진땀이 난다. 그때 꾹 참기를 정말 잘했지!

지금도 수업이 끝난 후, 승우는 놀이터에서 한참 놀다 온다. 승우는 그 시간이 그렇게 좋은가보다. 그런데 주로 친정어머니가 함께 가고, 내가 따라갈 때는 많지 않다. 방송활동도 거의 없이 육아에만 전념했던 첫아이 때와는 달리 둘째, 셋째 아이에게는 해주지 못하는 게 많다.

모든 엄마들이 그렇겠지만, 첫아이 때는 걱정이 많았다. 친구 사귀는 문제도 여간 신경 쓰이는 게 아니었다. '사회성을 기르려면 자주 어울려야 된다는데, 어떻게 친구를 만들어주지?' 조용한 성격의 가예가 아이들과 못 어울리면 어쩌나 노심초사했다. 그래서 유치원 친구들을 집에 데려와 자주 놀게 했다. 때로는 놀이방이라도 연 것처럼 여러 아이들 뒤치다꺼리 하느라 힘들었지만, 가예를 위해서 기회를 많이 만들었다. 둘째 가윤이는 그렇게까지는 못 해줬고, 그냥 방과 후에 학교 옆 놀이터에서 놀게 했다. 우리 집은 학교에서 멀어서 차를 타고 가야 하는데, 주차할 곳이 없어서 골목에 세워 놓으면 딱지를 떼이는 일도 있었다. '에이 그냥 돈 버린다.' 생각하고는 실컷 놀게 했다. 승우도 그렇게 놀이터에서 놀게 하고는 있지만, 내가 함께 있는 날은 별로 없다. 그래서 승우가 불만이지만 어쩌겠나. 일하는 엄마의 사정을 아이도 받아들여야지.

아이들을 키우면서 자꾸 잊게 되는 것이 있다. 아이들 세계는 어른들의 세계와는 다른 질서가 존재한다는 것. 그걸 엄마의 시선으로만 판단해서 개입하면 안 된다는 것. 아이들은 자연스럽게 뭉치고 흩어지고 또다시 뭉치며 자란다. 그렇게 사회를 배우고 친구를 사귄다. 우리가 뭐 언제 친구 사귀는 법을 따로 배워서 사귀었던가? 물 흐르듯, 바람 불 듯 자연스럽게 만나고 헤어진다. 우리 아이들도 그렇게 자랄 것이다. 우리가 그랬던 것처럼.

기 다 릴 줄 아 는
엄마의 격려말

"승우야, 그만 집에 가자."

"왜? 나 안 가. 재밌는데 왜 집에 가자고 해?"

"술래만 하는데도 재밌어?"

"재미있단 말이야. 엄마 저리 가!"

〈승우 이야기〉

　　12월생인 승우는 또래에 비해 뭐든지 한 박자 늦다. 게다가 운동신경이 떨어져 움직임이 빠릿빠릿하지 못하다. 남자아이들을 보면 빨리 달리고, 힘이 세고, 다람쥐처럼 날쌘 아이들이 집단에서 살아남는다. 또래들은 벌써 두발 자전거를 타고 쌩쌩 달리는데 승우는 못 타니, 놀이에도 잘 끼어주지 않는다. 남자아이들 노는 걸 지켜보면 정글이 따로 없다. 아주 냉혹하다. 그래도 몸집이 좀 큰 편이라 다행이지만, 언제까지 엄마가 봐줄 수는 없는 노릇이다. 아이 스스로 사회성을 키우고 자신의 자리를 만들어 나가기를 기다려본다.

기 다 릴 줄 아 는
엄마의 격려말

04

미리
혼나고 갈래?

가예는 11월생이라 또래에 비해서 성장이 조금씩 늦었다. 공부에 대해서 큰 욕심이 없었기에 가예가 좀 늦어도 크게 신경 쓰지 않았다. 물론 첫아이라 내가 붙잡고 공부를 좀 시키기는 했지만 남들과 비교해 뒤처진다고 초조해하지는 않았다. 생일도 늦기 때문에 '늦는 건 당연해!' 하며 마음을 편히 가졌다.

아니나 다를까 초등학교 1학년 들어가서 첫 시험을 봤는데 너무나 못 봤다. 욕심이 없었음에도 다소 실망스러웠다. '중간만 가면 참 좋겠다.' 솔직히 그때는 그만큼의 기대가 있었나 보다. 그런 마음이

들면서도 특별히 공부를 시키지는 않았다. 학원에 보내는 것도, 과외선생님을 부르는 것도 싫어서 마냥 놀게 했다. 당연한 결과인지, 2학년에 올라가서도 큰 차이는 없었다.

3학년이 되자 너무 안일한 게 아닌가 싶어서 시험을 앞두고는 문제집을 좀 풀어보라며 조금은 관심을 보였다. 뭐든 잘하고 싶은 가예는 그때부터 공부에 대해 엄마보다 더 욕심을 내기 시작했다. 먼저 문제집을 사달라고도 했다.

시험 보는 날 아침이었다. 가예가 초조해하는 모습이 역력했다.

"너 열심히 했잖아. 못 보면 어때."

가예가 초조해하는 데는 이유가 있었다. 주말에 열심히 하려고 했는데 놀다가 계획대로 하지 못했던 것이다. 문제집을 보니 제대로 풀지도 않은 것 같았다.

문득 가예가 한 말이 떠올랐다. 다른 아이들은 시험을 잘 못 보면 엄마한테 속이기도 하고, 시험지를 감추기도 한다고 했다. 내가 시험지 보자는 말 한마디 안 하니까 가예는 그런 모습이 신기했던 모양이다. 그런데 어쩌면 가예도 시험 결과를 놓고 거짓말을 할지도 모르겠다는 생각이 들었다.

"엄마는 네가 시험을 못 봐서 '엄마한테 걸리면 어떡하나' 하는 불안감을 주기는 싫으니까 먼저 혼나고 갈래? 대신 네가 시험을 잘 보든 못 보든 그 결과는 신경 쓰지 않을 거야."

가예도 동의했다. 그래서 손바닥을 정말 세게 때렸다.

그런데 놀랍게도 그날 본 시험에서 가예는 1등을 했다. 1등을 한 것 자체가 처음 있는 일이었다. 그동안 자기 혼자 열심히 한 모양이다. 또 바짝 긴장을 하고 간 덕도 있고. 대견하기도 했지만 혼란스러웠다. 너무 결과에 집착하지는 않았으면 좋겠는데….

내가 초등학생 시절 아파트 3층에 태훈이라는 아이가 살았다. 공부도 무지 잘해서 수학경시대회에 나가면 상을 쓸어오던 아이였다. 엄마는 그 집 엄마를 만날 때마다 이런저런 정보를 듣고 우리와 비교를 했다.

방학식 날이면 나를 보자마자 말씀하셨다.

"수현아, 성적표 좀 보자. 상장 받은 건 없니?"

정말 스트레스가 이만저만이 아니었다.

"밑에 집 태훈이는 수학경시대회 상도 받고 그랬는데, 너희는 셋 다 아무 것도 못 받았어?"

그렇게 우리 삼남매는 항상 태훈이랑 비교 당했다. 그때 기억이 잊히지 않는다. 태훈이와 우리가 무슨 상관이라고. 태훈이는 태훈이고 우리는 우린 걸. 내가 엄마가 되면 나도 우리 엄마 같은 마음이 될까 궁금했는데, 다행히 그렇지 않다. 다른 아이들이 공부를 잘하고 상을 잔뜩 받았다고 해도 하나도 부럽지 않다.

가예가 1학년일 때는 아직 1학년이라서 크게 신경 안 쓰는 건지도 모른다고 생각했다. 하지만 가예가 6학년이 된 지금도 공부 잘하는 다른 아이들이 하나도 부럽지 않다. 가예가 성적에 너무 매달리는 모습을 보이면 오히려 그 긴장을 풀어주고 싶다.

지금 이런 마음이 중학생 학부모가 되면 달라질까? 그럴 것 같지는 않다. 공부 좀 못 한다고 아이를 다그칠 것 같지는 않다.

기 다 릴 줄 아 는
엄마의 격려말

"너 열심히 했잖아. 못 보면 어때. 엄마는 네가 시험을 못 봐서 '엄마한테 걸리면 어떡하나' 하는 불안감을 주기는 싫으니까 먼저 혼나고 갈래? 대신 네가 시험을 잘 보든 못 보든 그 결과는 신경 쓰지 않을 거야."

〈수현 생각〉

　내가 아이들에게 공부를 닦달하지 않는 데는 내 엄마 영향이 크다. 엄마는 치맛바람이 유명했다. 우리 삼남매한테 시킬 수 있는 건 다 시켰다. 그러나 아무리 등 떠밀어 시킨다고 해도 안 되는 건 안 된다는 것을 어느 순간 깨달으셨다.

　"어차피 할 놈은 하고 안 할 놈은 안 하는 거야."

　한의사 이경제 선생의 이 말도 크게 와 닿았다.

　"공부는 재능이에요. 애들이 부모가 어떻게 한다고 다 되나요? 공부에 흥미가 있고 재능이 있는 애만 되는 거예요."

　이런 조언을 일찍부터 마음에 두어서인지, 아이들 공부에 대해서는 절대 욕심내지 않는다. 그리고 그건 정말 '욕심'일 뿐이다. 엄마의 욕심.

05

전력질주 하지 마,
최선을 다하지 마!

"가예야, 전력질주 하지 마, 다쳐!"

다른 엄마들이 "최선을 다해!" 하며 1등을 하라고 격려할 때, 오히려 나는 가예의 야망을 꺾어버리는 엄마다.

가예 성향 때문이기도 하다. 가예가 지나치게 흥분하다 보면 자제가 안 돼 다치기 십상이다. 아니면 남을 다치게 하기도 한다. 동네 체육관에 놀러갔을 때도 신나게 트랙을 따라 뛰다가 넘어져서 응급실 신세까지 졌다.

가예는 승부욕이 있다. 〈붕어빵〉에서 아이들과 씨름을 했을 때 가예가 2등을 했다. 김응수 씨 딸 은서는 '천하장사' 별명까지 얻었던 절대지존이었다. 가예는 그 아이한테만 졌다. 다른 아이들에 비해 호리호리한 가예가 2등을 할 거라고는 누구도 상상하지 못했다. 그런데 정말 이를 악물고 버티더니 2등을 해냈다. 자랑스러웠다. 나는 악착같은 면이 없어서 뭔가를 잡고 있다가도 힘들면 놔버린다. 죽도록 최선을 다하지 않는다. 철봉 매달리기도 반에서 제일 못 했다. 2초 하고 힘들다며 내려와 버렸다. 그런데 게임 하나를 하면서도 악착같이 이기려고 하는 가예를 보니 신기했다. '내 딸 맞아?'

가예는 그날 집에 와서 온몸이 아프다며 끙끙댔다. 그 조그만 몸으로 갖은 힘을 썼으니 당연한 일이다. 아픈 아이를 보니 속이 상했다. 아니 온몸이 다 아픈 짓을 왜 해.

"너무 최선을 다하지 마. 그러다 또 다치면 어쩌려고 그래."

나는 아이들이 즐기면서 행복하게 사는 것을 원한다. 1등을 하고 최고가 되는 것을 원하지 않는다. 그것을 위해서 다른 많은 것을 포기하라고 말하고 싶지 않다. 그래서 가예에게 박찬호 선수의 기사를 일부러 읽어주기도 했다.

"박찬호 선수가 미국 메이저리그에 있을 때 너무나 최선을 다하니까 미국 감독이 그랬대. 그만 좀 연습하고 좀 쉬라고. 즐기라고. 너무 전력투구하면 질려서 오래 못 간다는 거야. 그러니까 가예야, 지칠 만큼 너무 열심히 하지는 마. 조금 힘을 남겨두고 해."

기 다 릴 줄 아 는
엄마의 격려말

"가예는 뭐든 다른 사람보다 잘해야 한다는 생각이 있어요. 그래서 안쓰러워 보이기도 해요."

학교에 상담하러 갔을 때, 가예 담임선생님으로부터 들은 말이다. 깜짝 놀랐다.

"방송에 나가서 다른 아이들이 다 주목하니까 아마 부담스러운가 봐요."

가예는 완벽해 보여야 한다는 강박이 있다. 그냥 성격이려니 했는데, 방송 탓도 있었다. 그때까지만 해도 전혀 생각해보지 않았던 문제였다. 내가 아이한테 방송을 하라고 한 게 스트레스가 됐나 하는 생각에 미안했다.

〈붕어빵〉 프로그램을 통해 내 아이들이 알려졌다. 가예는 조금씩 TV에 나간 사실을 의식했다. 원래 승부욕이 있는 데다 완벽해져야겠다는 생각이 강박처럼 누르는 것 같았다. '난 성공해야 해. 1등 해야 해.' 하는 목표가 분명하다. 혼자서 라이벌을 만들고 경쟁심에 불을 붙이기도 한다. 그런 식으로 스스로 동기를 만들어서 노력한다. 그런 가예에게 나는 늘 브레이크를 밟아준다.

"크게 성공하는 게 중요한 게 아니야. 1등 하는 게 중요한 게 아니야. 내가 스스로 행복하면 되는 거야."

살다 보면 의지만으로 되지 않는 일이 얼마나 많은가. 성공 강박을 가지고 있는 가예가 그 앞에서 좌절할까 봐 걱정스럽다. 그래서 미리 백신을 맞히듯 나는 조금은 흐트러지는 법을 가르친다.

"가예야, 공부 그만하고 엄마랑 놀자. 너 오늘 공부 정말 많이 했다고."

기다릴 줄 아는
엄마의 격려말

〈수현 생각〉

첫아이 때는 기대가 크다는데, 나는 그렇지 않았다. 가예가 어릴 때 〈부모〉라는 프로그램을 한 영향이 컸다. 방송에서 만난 숱한 사연들 중에는 정말 힘들고 고치기도 어려운 사례도 많았다. 그런 사연을 듣다 보면 '평범'하다는 것이 얼마나 고마운 일인지 새삼 깨닫게 된다.

엄마의 사랑이 부족해서 문제라면 엄마가 사랑을 많이 주면 된다. 그 정도는 다행이다. 하지만 어떤 것으로도 해줄 수 없는 문제를 안고 있는 아이들도 많다. 정말 감사해야 할 일이 많다는 것을 나는 그때 뼈저리게 느꼈다. 공부? 성적? 1등? 하나도 중요하지 않다. 내가 아이들에게 바라는 모습은 딱 하나다. 행복한 사회 구성원이 되는 것, 그것으로 충분하다.

가예의 편지

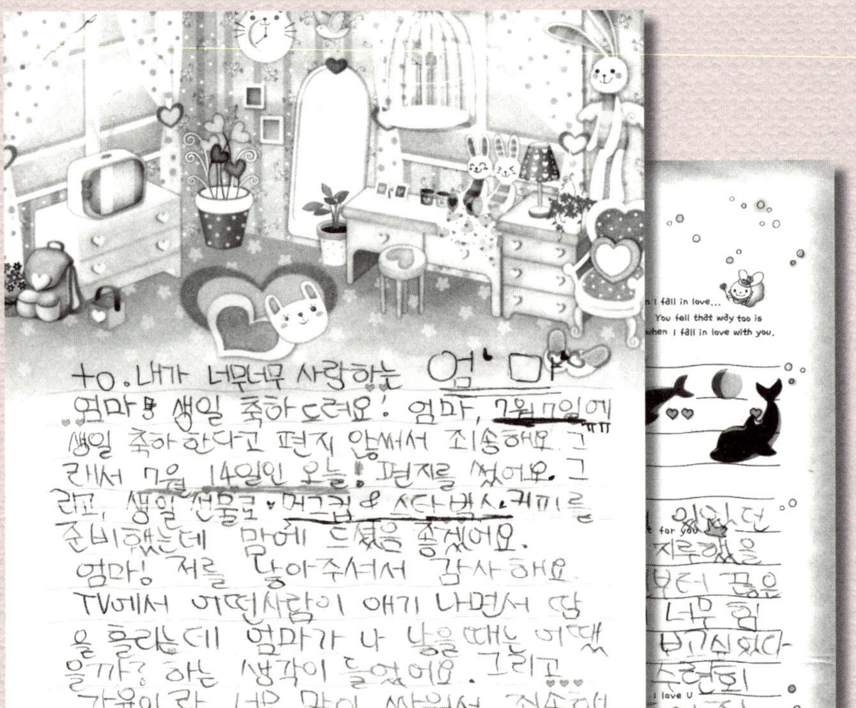

to. 내가 너무너무 사랑하는 엄'마'께

엄마 ♥ 생일 축하드려요! 엄마, 7월 7일에 생일 축하한다고 편지 안써서 죄송해요. 그래서 7월 14일인 오늘 편지를 썼어요. 그리고, 생일 선물로 머그와 스타벅스 커피를 준비했는데 맘에 드셨음 좋겠어요.

엄마! 저를 낳아주셔서 감사해요. TV에서 어떤 사람이 얘기 나오면서 땀을 흘리는데 엄마가 나 낳을 때는 어땠을까? 하는 생각이 들었어요. 그리고 가윤이랑 너무 많이 싸워서 죄송해요... 괜히 쨍피하게 해서.

그리고 어쨌든 간 저를 낳아주시고 키워주셔서 감사하구요. 너무너무 사랑해요 ♥ 제대로 된 편지와 선물을 엄마한테 드리게 처음이니까요.

앞으로 매일 매일 선물할 게요!

to. 내가 너무너무 사랑하는 엄마

　　엄마! 생일 축하드려요! 엄마, 7월 7일에 생일 축하한다고 편지 안 써서 죄송해요. 그래서 7월 14일인 오늘! 편지를 썼어요. 그리고 생일 선물로 머그컵&스타벅스 커피를 준비했는데 맘에 드셨으면 좋겠어요.
　　엄마! 저를 낳아주셔서 감사해요. TV에서 어떤 사람이 애기 나면서 땀을 흘리는데 엄마가 나 낳을 때는 어땠을까? 하는 생각이 들었어요. 그리고 가윤이랑 너무 많이 싸워서 죄송해요... 괜히 창피하게 해서 (중략)
　　매일 학교에서 있었던 일을 얘기할 때 지루하고도 지루했을 수도 있는데 한번도 1학년부터 끊은 적도 없고, 수련회 갔다 와서 너무 힘들었을 때 안아주고 너무너무 보고 싶었다고 해서 울 뻔했고, 또 수련회 얘기 듣고 무조건 내 편만 들어주는 엄마가 있어서 든든해요^ㅁ^
　　엄마! 나는 정말 행운아예요.

따뜻하지만 엄격한
엄마의 가르침말

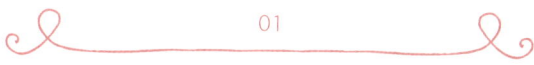

어른은 어른이고
아이는 아이야

    가예와 가윤이가 서로 인형을 갖겠다고 아옹다옹하고 있었다. 잠시 지켜보다가 다툼이 길어지기에 가예한테 한마디 했다.

    "가윤이는 항상 너한테 물려받잖아. 네가 좀 너그럽게 넘어가면 안 될까?"

    그 말에 가예는 섭섭해했다.

    "엄마는 항상 가윤이 입장에서만 얘기하고 그래!"

    가예가 화를 버럭 내며 뒤돌아 자기 방으로 갔다. 발소리를 쿵쿵쿵 내면서. 그 소리가 기어이 내 심기를 건드렸다.

"가예, 나와!"

가예가 다시 나왔다.

"엄마가 널 왜 불렀을 것 같아?"

"모르겠어."

안 그래도 화가 난 가예는 엄마가 부르는 통에 입이 더욱 삐죽 나왔다.

"내가 무슨 말을 하든 나는 어른이고 너는 아이니까 예의를 지켜. 네가 아무리 듣기 싫은 말을 들었더라도 지나갈 때는 살살 지나가. 쿵쿵 소리 내면서 화난 걸 표현하지 마."

가예는 바로 알아들었다. 왜냐면 엄마도 어른한테 꾸중을 들으면 뒤에서는 울더라도 앞에서는 예의 바르게 행동하는 모습을 봐왔으니까, 가예는 그것이 어른에 대한 예의라는 것을 이해했다.

"네. 알겠어요."

가예는 뒤돌아서 조용히 들어갔다. 그런데 문이 닫히면서 '쾅!' 소리가 나는 게 아닌가. 가예도 놀랐는지 곧바로 튀어나와서 놀란 토끼 눈이 되어 말한다.

"내가 그런 게 아니야. 바람이 불어서 저절로 쾅 하고 닫힌 거야. 진짜로."

"괜찮아, 알았어."

나는 웃었다. 가예야, 엄마는 네 마음 다 알아.

따 뜻 하 지 만   엄 격 한
엄마의 가르침말

> 요리학교에서 만난 동료들과 각자 아이들을 데리고 캠핑을 갔다. 그 친구들이 나와 우리 아이들 모습을 보고 놀랐는지 한마디씩 했다.

"수현 씨는 화내는 것도 아닌데 어떻게 애들이 엄마 말을 잘 듣지? 신기하네."

매를 드는 것도 아니고 소리를 지르지도 않는데 아이들이 엄마 말을 잘 따라서 의아하다고 했다. 그렇다고 아이들이 주눅 들어 있거나 하고 싶은 말을 참는 것도 아니다.

우리 아이들은 떼를 쓰는 일이 통하지 않는다는 걸 안다. 물론 아직 어리기 때문에 항상 완벽하지는 않다. 그러나 지켜야 할 선을 알기 때문에 내가 잘못에 대해 지적하고 설명하면 이해한다.

나는 아이들에게 감정적으로 공감도 잘하고, 실제로 낄낄대며 같이 잘 논다. 아이들도 엄마를 편한 사람으로 생각한다. 그래도 '나는 엄마고 너희는 아이들이다'라는 선은 확실히 했다. 요즘 부모들 중에는 아이의 기를 살려준답시고 예의를 무시하는 모습을 종종 볼 수 있다. 공공장소에서 떠들거나 다른 사람에게 피해를 줘도 혼내지 않는다. 나는 아이들이 어릴 때부터 어른에 대한 공경을 확실히 가르쳤다. 아이가 순간적으로 선을 넘을 때는 이야기를 중단하고 문제를 꼭 짚고 넘어갔다.

"잠깐만. 어른에게 그렇게 말하면 안 돼. 너는 아이고 나는 어른이야."

아이들이 흔히 "엄마는 되고 나는 왜 안 돼?"라며 억울해한다. 자기 의견에 대한 논리가 부족할 때 종종 그렇게 말한다.

"네가 속에 담아두지 않고 생각을 표현하는 것은 정말 좋아. 자유롭게 이야기하는 건 좋지만 예의는 지켰으면 해. 어른에게 말할 때는 지켜야 하는 예의가 있잖아."

아이가 자존심 상하지 않게, 자신의 주장을 꺾어버리지 않는 선에서 짚어준다. 이런 경험을 몇 번 하고 나면 아이들은 스스로 선을 지켜나간다.

그런데 희한하게도 우리 아이들뿐 아니라 다른 아이들까지 덩달아 내 말을 잘 듣는다. 자기 부모에게 독불장군처럼 구는 조카가 있는데 내 앞에서는 깍듯하다. '아이는 아이답게, 어른은 어른답게'라는 원칙을 조카도 옆에서 보고 아는 것이다. 내가 애들을 잘 다루긴 하는 것 같다. 그것도 재능일까?

따 뜻 하 지 만 엄 격 한
엄마의 가르침말

"가윤이는 항상 너한테 물려받잖아. 네가 좀 너그럽게 넘어가면 안 될까?"

"엄마는 항상 가윤이 입장에서만 얘기하고 그래!"

"가예, 나와! 엄마가 널 왜 불렀을 것 같아?"

"모르겠어."

"내가 무슨 말을 하든 나는 어른이고 너는 아이니까 예의를 지켜. 네가 아무리 듣기 싫은 말을 들었더라도 지나갈 때는 살살 지나가. 쿵쿵 소리 내면서 화난 걸 표현하지 마."

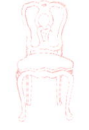

〈수현 생각〉

어른으로서 부모가 권위를 갖추는 것은 필요하다. 그렇다고 아이에게 지나치게 권위적인 태도를 보여서는 안 된다. 나는 평소 아이에게 화를 내거나 짜증을 잘 내지 않는다. 그러나 화가 나거나 뭔가 가르쳐야 할 순간이 오면 목소리 톤부터 달라진다.

최대한 낮고 차분하게 "가윤아, 이리 와봐." 하고 부른다.

"엄마가 널 왜 불렀을까?"

그때부터 아이는 긴장한다. 대화 내용이 무서운 것도 아니고, 엄포를 놓거나 겁을 주는 것도 아니고, 화를 내거나 욕을 하는 것도 아니다. 그러나 아이는 평소와는 다른 엄마를 즉각 감지한다. 이제는 길게 말하지 않아도 목소리 톤만 바꿔도 그 신호를 알아듣고 아이들은 조심한다.

이때 꼭 기억해야 할 것이 있다. 늘 엄숙하거나 냉정한 말투를 쓴다면 진짜 교육이 필요한 순간 효과를 잃는다는 것이다.

따 뜻 하 지 만 엄 격 한
엄마의 가르침말

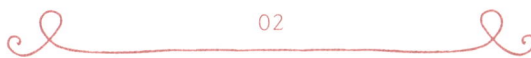

혼자
생각 좀 하고 나와

첫아이 가예를 키울 때는 서툰 엄마라 육아 책에서 제안하는 방법들을 많이 따라서 해봤다. 워낙 육아에 대해 모르는 게 많으니까 책에 의지할 수밖에 없었다. 그 당시 육아 책에서 배운 것 중에는 '생각의자'가 있었다. 생각의자는 아이가 그릇된 행동을 하거나 감정을 조절하지 못할 때 잠시 생각하고 스스로 진정시킬 수 있는 시간을 주는 것이다. 그런데 막상 생각의자를 마련하고 아이에게 "생각의자에 가서 앉아." 하는 순간 아이는 그 자체를 싫어하는 것 같았다. '엄마는 또 생각의자야….' 하면서 거부감을 갖고, 잘못을 깨닫기보다 불만이 더 커지는 것 같아 둘째 때부터는 쓰지 않았다.

생각의자를 사용하지는 않아도 혼자 생각할 시간은 필요하다. 그래서 나는 혼낼 상황이 발생하면 방에 들여보낸다. 승우가 고집을 부릴 때도 일단 대화를 멈춘다.

"그만 방에 가서 생각 좀 하고 나와."

"승우야, 엄마가 왜 화가 났는지 생각 좀 하다 나와."

"자, 이제 그만! 너랑 나랑 좀 쉬어야 될 것 같아. 넌 혼자 좀 있다가 다시 만나야 될 것 같구나."

"울고 싶으면 가서 울고 나와."

이런 습관을 반복하다보니 아이한테도 잘 통한다. 승우는 떼쓰지 않고 방에 들어가 생각을 정리해서 나온다.

나는 싸움도 못 하고 화도 잘 못 내지만, 아이들한테는 다소 매정하다 싶을 정도로 엄하게 대한다. 옆에서 보면 '너무 정 없는 것 아냐? 자기 자식 맞아?' 할 정도로 때때로 과감해진다.

너무나 사랑하는 아이들이지만, 아이들에게 질질 끌려다니는 부모가 되고 싶지는 않다. 그리고 아이가 셋이다 보니 통제가 안 되면 힘들어서 키울 수도 없다. 상황과 내 성격, 의지가 결합해 나온 방식이다. 아이들도 잘 받아들여 '엄마한테 떼쓰는 건 절대 안 통해!'라는 걸 잘 안다.

따 뜻 하 지 만   엄 격 한
엄마의 가르침말

행복한 관계를 맺기 위해서는 대화의 기술이 필요하다. 특히나 싸울 때나 혼을 낼 때 어떻게 말을 하느냐에 따라 상황이나 관계가 달라진다. 아이들이 변명을 하며 말을 질질 끌 때 깔끔하고 단호하게 끊을 필요가 있다.

"그런데 엄마, 그거는~ 있잖아…."

"거기까지. 그만."

"더 이상 말하지 마. 거기까지만 하고 다음에 얘기해."

말이 더 길어지지 않게 딱 끊어버리는 냉정함이 필요하다. 어른들이 싸울 때도 말꼬리 붙잡고 늘어지는 게 제일 치사하지 않나? 부부싸움을 하든 뭘 하든. 대화의 기술 중 하나가 말을 뱅뱅 돌린다거나 비꼬지 않고 자기가 할 말을 최대한 간결하게 전달하는 것이다. 이것은 아이들을 혼낼 때도 마찬가지다.

"10초 안에 혼내세요."

오은영 선생이 항상 강조하는 말이다.

아이들은 집중할 수 있는 시간이 길지 않다. 야단칠 때 말이 길어져봐야 아이는 딴 생각을 한다. '아 우리 엄마 언제 끝나나….' 하는 생각밖에 안 한다. 그러니까 간단명료하게 말하는 게 최고다.

남자아이들은 더욱 명확하게 말해야 한다. 문제집을 풀어야 할 때도 "17쪽부터 20쪽까지 해." 하는 것보다 그 세 장을 찢어 주면서

"자, 이것만 해."라고 말하는 게 효과적이다. 눈에 명확하게 보여주어야 한다는 것이다.

　아이들을 가르칠 때는 남자아이든 여자아이든 짧고 명확해야 한다. 그것이 엄마의 에너지 소모는 줄이면서, 교육의 효과는 높일 수 있는 최적의 방법이다.

"자, 이제 그만!
너랑 나랑 좀 쉬어야 될 것
같아. 넌 혼자 좀 있다가
다시 만나야 될 것 같구나.
승우야, 엄마가 왜 화가 났
는지 생각 좀 하다 나와."

〈승우 이야기〉

대충 이야기해도 여자아이는 맥락을 이해하는데 남자아이는 앞뒤가 딱 맞아떨어지지 않으면 이해를 못 하기 일쑤다.

아직 어리지만 승우한테 말할 때도 그 아이의 눈높이에 맞춰 명쾌하게 설명해준다.

"숙제 여기까지 해놔!"

내가 한글 공부 책을 주며 말하는데 승우는 엉뚱한 얘기를 꺼낸다.

"그런데 엄마, 왜 나한테 화났어? 나 싫어해?"

내 말투에서 화가 난 기색을 느끼고 그것을 더 궁금해하는 것이다. 한글 공부에는 관심이 없다. 그럴 때는 명확하게 풀어줘야 한다.

"내 말투가 맘에 안 들었구나. 미안해. 다음부터는 다정하게 말할게. 자, 여기까지 해놔. 됐지?"

그제야 승우는 책을 본다. 쓸데없는 데 힘을 뺄 필요 없다. 설명할 수 있는 것은 설명한 후 넘어가는 것이 훨씬 경제적이다.

잠깐
나와 볼래?

말을 잘 듣다가도 할머니 할아버지와 함께 있거나 손님들이 올 때면 흐트러지는 아이가 있다. 엄마가 어쩌지 못한다는 것을 학습했기 때문에 그런 태도가 나온다. 시부모님과 함께 있든 다른 사람들과 있든 아이가 말을 안 들을 때면 일단 데리고 나간다. 다만 잘못한 시점에 데리고 나가서 야단을 친다.

"잠깐, 엄마랑 나갔다오자."

이젠 아이들이 그 말의 의미를 잘 안다. 부드럽게 말하지만, 나가서 혼낼 때는 무섭게 혼내는 것을 알아서 그 말이 나오면 아이들은 긴장한다.

아이를 가르칠 때 일관성이 중요하다고 말한다. 원칙이 오락가락하면 아이는 헷갈리기 시작하고 행동을 수정하기 어려워진다. 쉽지는 않지만 어떤 순간에서든 원칙에 변함이 없다는 것을 알게 한다. 일관성을 지키려면 가족들의 도움이 필요하다. 우리 시어머니도 아이들이 버릇없는 것을 못 보시기 때문에 손자 편이 아니라 내 편이 돼 주신다.

내가 아이를 불러서 나갈 때면 "어미가 아주 단단히 혼내야지." 하신다. 그러면 아이는 '아, 나를 이런 상황에서 구해주는 사람은 아무도 없구나.' 하고 깨닫는다.

"

가윤이가 할아버지한테 야단을 맞고 울먹이고 있었다. 그걸 보고 남편이 다그쳤다.

"다시는 그러면 안 돼. 알았지? 어? 대답 안 해?"

가윤이는 눈물만 뚝뚝 흘릴 뿐 대답을 못 했다. 그 모습에 남편은 더 화가 나는 모양이었다. 그때 내가 나섰다.

"여보, 가윤이가 알겠대. 나랑 눈으로 얘기했어. 눈으로 대답했어."

가르칠 때는 냉정하고 매섭게 눈물을 쏙 빼놓기도 하지만, 필요 이상으로 아이를 '잡을' 필요는 없다. 아이의 자존심도 생각해야 한다.

따뜻하지만 엄격한
엄마의 가르침말

오은영 선생은 이렇게 말하곤 한다.

"애들이 이미 잘못했다고 느끼고 있는데 그걸 꼭 대답으로 들을 필요는 없어요."

그런데도 부모들은 항상 다그친다.

"잘했어, 잘못했어? 대답해." "대답 안 해? 크게 대답해."

아이는 이미 자기 잘못을 느끼고 있지만, 자존심이 상해서 대답하고 싶지 않을 뿐이다. 이때 굳이 대답을 강요하는 건 정말 쓸데없는 일이다. 잘잘못을 가르치는 게 목적이지, 상처를 주자는 게 아니다.

아이들이 이미 잘못을 느끼고 부끄러워하는데 거기다 대답까지 강요하는 모습을 보면 나도 모르게 아이 마음에 감정이입이 돼 서러워진다. 함께 〈붕어빵〉을 촬영하던 출연자가 자기 아이한테 대답을 막 강요하자, 아이가 서럽게 운 일이 있다. 그 모습을 보면서 나도 따라 울었다. 아빠가 아이를 사랑하는 마음이야 잘 알지만, 아이의 마음도 조금만 헤아려주면 좋을 텐데….

어린 시절 나도 아빠가 대답을 강요하는 게 너무 싫었던 기억이 있다. 굳이 대답하라고 하면 더 입이 떨어지지 않았다. 왜 아이한테 항상 100을 강요할까. 어른들도 꽉 찬 100을 실천하지 못하면서 말이다. 내 감정이나 메시지를 아이가 이해하길 바란다면, 나부터 먼저 아이가 보내는 메시지를 이해해보자. 결국 중요한 건 '소통'이니까.

〈수현 생각〉

아이를 가르칠 때 일관성을 지키려면 주변의 협조가 필요하다. 우리 집에서 협조가 제일 안 되는 사람이 친정엄마다. 엄마는 아이들이 나에게 야단맞는 것이 안쓰러워서 무조건 감싸주기 바쁘다. 언젠가 그 일로 친정엄마와 부딪쳤다.

"엄마, 이런 상황에서는 아이 편을 들지 않았으면 좋겠어. 못 본 척 넘어가줘."

번번이 짜증을 내는 게 아니라 친정엄마에게 도움을 요청하며 분명하게 의사를 전했다.

집 안에서나 집 밖에서나, 누가 옆에 있을 때나 없을 때나 엄마는 한결같다는 걸 알려야 한다. 아이를 위해서 꼭 필요한 일이다.

가윤이의 일기

할아버지, 할머니와의 추억이 고스란히 일기에 담긴다.
차아를 뺀 날 가윤이의 일기

35

12월 5일 일요일
제목. 이빨
외할머니 칠순때 친할머니 집에
들렸다. 그때쯤 이빨이 막고
흔들리고 있었다. 티비를 보고
있을때 친할아버지가 가방을
주셨다. 그런대 이빨이 생각
났따. 시원하게 빼고 싶었다.
그레서 친할머니에게 빼달라
고 했다. 친할머니와 함께
화장실로 가서 할머니가 이빨
을 뚝! 하고 건드렸더니 금세
빠졌다. 살짝 따끔했다.

제목: 이빨

외할머니 칠순 때 친할머니 집에 들렀다. 그때쯤 이빨이 마구 흔들리고 있었다. TV를 보고 있을 때 친할아버지가 가방을 주셨다. 그런데 이빨이 생각났다. 시원하게 빼고 싶었다. 그래서 친할머니에게 빼달라고 했다. 친할머니와 함께 화장실로 가서 할머니가 이빨을 뚝! 하고 건드렸더니 금세 빠졌다. 살짝 따끔했다.

꼭 사야 하는
세 가지 이유를 말해봐

예나 지금이나 문방구는 아이들의 참새 방앗간이다. 문구, 스티커, 작은 장난감들로 가득 찬 그 공간은 놀이공원만큼이나 재밌다. 자주는 못 가지만 가끔 날을 잡아서 아이들을 큰 문구점에 데리고 간다. 그렇다고 물건을 마음껏 사게 하는 것은 아니다. 그저 '마음껏' 보고 즐길 수 있게 한다.

2월 말, 새 학기를 앞둔 때 아이들과 고속터미널 지하에 있는 큰 문구점에 갔다. 가예는 예쁜 다이어리를 발견하고는 사고 싶어 했다. 이미 집에는 선물 받은 다이어리가 세 개나 있는데도 말이다. 가예는 꼭 사고 싶다며 눈물까지 글썽였다.

'이 나쁜 엄마 같으니라고. 일 년에 한 번 여기 데려 와서는 이거 하나 안 사주고.'

나라면 이런 느낌이었을 것 같다. 가예 눈물에도 그런 서러움이 느껴졌다. 그래서 내가 협상안을 제시했다.

"좋아. 그러면 네가 이 다이어리를 꼭 사야 하는 이유를 세 가지 대봐. 엄마가 납득할 수 있으면 사줄게."

처음에 가예는 쉽게 이유를 댔다.

"필요하니까. 갖고 싶으니까. 예쁘니까."

하지만 내가 원한 건 그런 답이 아니었다. 논리적으로 나를 납득시켜야 했다. 가예는 필요한 이유를 찾기 위해 넓은 문구점을 몇 바퀴씩 돌고 또 돌았다. 고민 끝에 내놓은 답이라고 해서 내가 쉽게 받아들일 수는 없었다. 타당한 이유가 아니면 "안 돼, 다시!"라며 돌려 보냈다.

결국 한 시간을 보낸 후 세 가지 이유를 댔고 다이어리를 손에 넣었다. 힘들게 손에 넣어서 그럴까? 가예는 그 다이어리를 일 년 내내 보물단지처럼 아꼈다.

" 나는 패스트 러너fast learner다. 뭐든 빨리 배운다. 배운 것

따 뜻 하 지 만   엄 격 한
엄마의 가르침말

을 오래 담고 있는지는 모르겠지만, 그때그때 빨리 받아들이는 것만은 분명하다. 방송을 하면서도 많이 배운다. 특히 EBS 육아 프로그램 〈부모〉를 통해 내 육아 지식의 8할을 습득했다. 여러 전문가 선생님들과 수많은 실제 육아 사례들을 접하면서 생생하게 배웠다. 아이를 키우고 있어서 나에게 닥친 문제들을 질문해가며 더 알차게 익힐 수 있었다.

또 하나의 방법으로 책이 있다. 책을 통해 배운 것도 아이들 교육에 바로바로 응용한다. 세 가지 이유를 대라고 말할 수 있었던 것도 김미경 씨의 책에서 힌트를 얻었다. 아이들과 타협을 할 때는 반드시 논리적으로 엄마를 설득할 수 있는 이유를 세 가지 제시하게 하라고 했다. 그것이 아이들의 발표 능력과 논리력 향상에 크게 도움이 된다면서.

그것을 처음 적용해본 것이 가예의 다이어리였다. 고맙게도 가예는 끝까지 따라주었고, 스스로도 만족스러운 결과를 얻었다. 나 역시 뿌듯했다.

"좋아. 그러면 네가 이 다이어리를 꼭 사야하는 이유를 세 가지 대봐. 엄마가 납득할 수 있으면 사줄게."

"필요하니까. 갖고 싶으니까. 예쁘니까."

"안 돼, 다시!"

〈수현 생각〉

　　EBS〈부모〉프로그램에서 어느 부모가 "시험에서 1등 하면 컴퓨터 사 줄게."라며 아이와 약속한 사연이 소개됐다. 그 말을 듣자마자 나는 반사적으로 말했다. "그러다가 전교 1등 하면 집 사주시겠어요."

　　시험 점수나 등수를 올렸을 때 포상을 하는 것에 나는 반대다. 그 자체로 아이한테 뿌듯한 의미가 돼야지, 상 때문에 공부를 한다는 마음도 싫다. 그리고 포상이 큰 것도 반대다. 우리 아이들한테도 칭찬의 표시로 선물이나 상을 줄 때가 있지만 그건 아주 작은 것들이다. 막대사탕 하나, 스티커 하나. 처음부터 허용치를 줄여놨기 때문에 아이들은 그것만으로도 행복해한다.

　　한번 커진 욕망은 줄이기 힘들다. 부모의 욕망을 충족시키기 위해 아이에게 한없이 너그러워지는 세태가 좀 씁쓸하다.

05

아무리 졸라도
안 되는 건 절대 안 돼

스타와 그들의 자녀가 나와서 스타를 해부하는 퀴즈쇼인 〈빅스타 리틀스타〉에 출연했을 때 일이다. 가윤이가 3주 연속 똑같은 말을 했다.

"엄마, TV 보여주세요. 만화 좀 보여주세요."

우리 집에는 큰 TV가 없다. 나도 남편도 TV 보는 걸 좋아하지 않는다. 내가 출연한 방송을 모니터하기 위해 작은 TV 한 대만 있을 뿐이다. 그 TV로 가끔 아이들과 〈개그콘서트〉를 함께 보는 게 고작이다.

그러다 보니 시댁에 가면 아이들은 TV 앞에서 떠나질 못한다. 간만에 보는 TV 보는 즐거움에 흠뻑 빠지는 것이다. 그 즐거움을 나도 빼앗지는 않는다.

그런데 가윤이가 초등학교에 입학한 후로는 친구들이 TV 이야기를 할 때 소외되는 게 싫었던지 가끔 TV 보게 해달라고 조른다. 그렇다고 원칙주의자인 엄마, 그보다 더 철저한 원칙주의자인 아빠가 흔들리지는 않는다. 그러자 가윤이가 도발을 했다.

'방송에서 말하면 엄마가 들어주지 않을까?'

실제로 남들 앞에서는 아이들의 요구가 통하기 쉽다. 독한 엄마라는 소리 듣고 싶지 않고, 떼쓰는 아이의 모습을 보이고 싶지 않기 때문이다. 방송에 나오는 아이들도 TV라는 매체의 권력 앞에서 부모가 무너질 것을 알고 그 기회를 활용하려는 것이다.

하지만 가윤아, 잘못 생각했구나. 엄마한테는 통하지 않는 수법이란다. 엄마한테 타협은 없다고.

"가윤아, 안 되는 거 알잖아. 방송에서 말해도 소용없어."

3주 연속 조르는 딸과 3주 연속 묵살하는 엄마를 지켜보던 작가가 혀를 찼다.

"수현 씨는 진짜 흔들리지 않네."

"TV를 안 봐서 애들이랑 대화가 안 돼."

TV를 보여달라고 조르면서 가윤이가 한 말이다.

"뭐 때문에 안 되는데?"

"〈별에서 온 그대〉 이야기를 하는데 나만 모른다고!"

그 말에 내가 해줄 수 있는 답은 하나였다. "〈별에서 온 그대〉는 15세 이상 관람가여서 어차피 너는 못 봐. 친구들도 원래 보면 안 되는 걸 본 거네."

사교적인 가윤이가 친구들과 TV 때문에 어울리지 못한다고 느끼고 있었다. 그러나 대화에서 잠깐 소외된다고 관계가 틀어지는 것은 아니다. 또한 모든 아이가 15세 이상 관람가 방송을 보는 것도 아니다.

"엄마, 애들이 다 보는데?"라고 아이들이 말할 때면 나는 이렇게 말한다.

"그렇게 말하는 애들의 소리가 더 크게 들려서이지 실제 숫자로는 적을 거야."

"엄마, 애들 다 갖고 있어."

"아니야. 갖고 있는 애들이 자랑을 해서 많아 보이는 것뿐이지, 실제로 세어보면 별로 없다니까."

그건 내가 평소 갖고 있는 생각이기도 하다.

따뜻하지만 엄격한
엄마의 가르침말

"요즘 애들 다 그거 가르친대요."

엄마들이 모이면 흔히 나오는 이야기지만, 따지고 보면 허수다. 모든 소문이란 게 그렇듯이.

다행히도 나는 그런 말에 부화뇌동하지 않는다. 언젠가 언니와 나눴던 대화에서 얻은 깨달음도 있다.

엉덩이에 브랜드 이름이 새겨진 쥬시 쿠트르 추리닝이 유행할 때였다. 그걸 입고 다니는 여자들을 보면 엉덩이가 다 예뻐 보였다.

"어쩜 엉덩이가 다들 저렇게 예쁘지?"

그때 언니가 말했다.

"야, 엉덩이 예쁜 애들만 입고 다니니까 그렇게 보이는 거지."

그때 세상을 보는 눈도 살짝 달라진 것 같다. 시각이 바뀌니 내 중심도 더 확고해졌다. 그리고 우리 아이들에게는 더욱더 타협이라고는 모르는 엄마가 되었고.

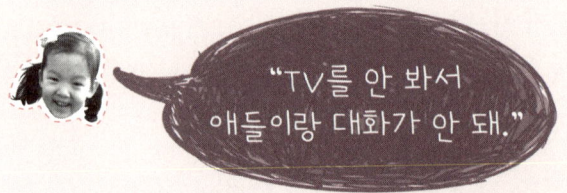

"TV를 안 봐서 애들이랑 대화가 안 돼."

"뭐 때문에 안 되는데?"

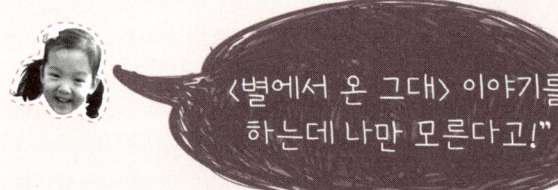

"〈별에서 온 그대〉 이야기를 하는데 나만 모른다고!"

"〈별에서 온 그대〉는 15세 이상 관람가여서 어차피 너는 못 봐. 친구들도 원래 보면 안 되는 걸 본 거네."

"엄마, 애들이 다 보는데?"

"그렇게 말하는 애들의 소리가 더 크게 들려서이지 실제 숫자로는 적을 거야."

〈수현 생각〉

　귀가 엄청 얇은 나는 다른 사람 이야기에 솔깃할 때가 많다. 그러나 결정적으로 행동에 옮기는 일은 별로 없다. 내가 정말 필요하다고 판단하기 전에는 다른 이의 말 때문에 움직이지는 않는다.
　엄마가 미스코리아에 나가라고 권하실 때도 마찬가지였다. 몇 년에 걸쳐 엄마는 권했지만 나는 듣지 않았다. "너무 싫어!"
　그렇게 몇 년을 싸우며 거부했는데 대학교 3학년 때, 마음이 달라졌다. 늘 비슷한 일상에 뭔가 신선한 도전을 해보고 싶었다. 그때는 엄마도 지쳐 권하지도 않았는데 내가 알아서 나갔다. 그리고 열심히 했다.
　아이들도 뭔가를 하거나 결정할 때 '남들 때문'이 아니라 '스스로 간절히 원해서'였으면 좋겠다. 거기서 오는 즐거움을 알게 하고 싶다. 그것이 소중하다는 것을 깨달을 때까지 나는 '지독한' 엄마 노릇을 할 것이다.

질문하는
엄마의 관심말

떨려서 반장 선거에
안 나가는 거야?

 가예가 5학년에 막 올라갔을 때였다. 나는 매년 꺼내는 이야기를 또 꺼냈다.

 "가예야, 반장 선거 안 나가?"

 성적에는 욕심이 없는데 반장 엄마는 왜 그리 해보고 싶은지 모르겠다. 내가 반장을 못 해봐서일까? 책임감도 강하고 원칙도 잘 지키는 우리 가예는 반장 역할도 분명히 잘할 것이다. 선생님이나 아이들에게 친절하고 호감도 사고 있어서 출마만 하면 당선될 것 같은데, 매번 가예는 싫다고 한다.

"가예야, 이번에는 좀 나가봐."

"싫어."

"너 같은 애가 반장 안 하면 누가 해. 똑 부러지게 잘할 텐데. 왜 싫을까?"

"그냥 싫어."

"그냥?"

'그냥'이라는 말을 들은 순간, 나는 마음을 단단히 먹었다. 아이들에게 '그냥'이란 없다. 어디, 오늘은 이야기 좀 들어볼까? 나는 조심스럽게 가예의 마음의 문을 두드렸다.

"왜 싫은데? 떨려서? 하긴 엄마도 옛날에 반장 선거 나갈 때마다 떨리긴 하더라."

"아니야. 하기 싫어."

사실 가예도 반장 선거에 나간 적이 있다. 반장을 선거로 뽑기 시작하는 첫 학년인 3학년 1학기 때였다. 재미삼아 나갔던 그 선거에서 가예는 떨어졌다. 하지만 수줍음 많던 그때와 달리 지금은 활달한데, 좀 나가보지…. 나는 그때 이야기를 꺼냈다.

"또 떨어질까 봐 그래? 지금은 말도 잘하잖아. 잘할 수 있을 텐데."

그 순간, 갑자기 가예가 울먹울먹하며 말했다.

"그때 정말 창피했단 말이야."

아이는 오랫동안 마음에 담아둔 이야기를 꺼냈다.

질 문 하 는
엄마의 관심말

3학년 반장 선거가 있던 그때 다른 아이들은 엄마 도움 아래 근사한 구호와 연설문을 준비하고 포스터까지 만들어 왔다. 아무 준비 없이 나간 가예는 주눅이 들어 말도 제대로 못 했고, 자존심도 무척 상했던 것이다. 당연히 표도 얼마 안 나왔고.

당시 학교에서 돌아온 가예는 "떨어졌어." 한마디만 했다. 아이 마음에 이렇게 큰 멍이 들어 있을 줄은 몰랐다. 이 무심한 엄마는 그 사실을 이 년이나 지나 알게 된 것이다. 가예는 그날 아주 많이 울었다. 내가 작정을 하고 대화를 끝까지 해보지 않았더라면, 아이는 오랫동안 속마음을 털어놓지 못하고 상처를 안고 살았을 것이다. 속도 모르고 나는 매년 반복했겠지. "가예야, 이번에는 반장 선거에 좀 나가라." 하면서.

언젠가 방송국 대기실에서 김구라 씨가 후배 개그맨들에게 이런 말을 했다.

"한번 던지고 반응 없으면 딴 얘기하고 또 딴 얘기하는 게 방송 잘하는 게 아니야. 똑같은 걸 가지고 깊게 표현하는 게 진짜 잘하는 거지."

정말 그렇다. 방송이 능숙하지 않은 사람일수록 남들 이야기하는 동안 새로운 아이템을 준비했다가 꺼내기 바쁘다. 하지만 방송의 고수들은 다르다. 사소한 소재 하나를 가지고 이리 치고 저리 치며 결국 웃음을 끌어낸다.

    그 말을 듣던 나는 심장이 뜨끔했다. 내 이야기 같아서. 아이들과 대화할 때 내가 바로 그런 엄마였다. 사실 난 자부심이 있었다. '난 일하는 엄마치고는 아이들과 대화를 많이 하잖아? 충분해!' 실제로 집에 있을 때는 아이들과 끊임없이 대화한다. 그런데 그 대화라는 것이 '양'만 많을 뿐 '질'로는 보잘것없었다.

    "오늘 학교에서 뭐 했어?", "점심은 뭐 먹었는데?", "친구랑 별일 없었어?", "숙제는 잘했어?" 이렇게 일상적인 대화가 대부분이었다. '왜?'를 해결하기 위해 한 가지 이야기를 깊게 파고드는 대화가 중요한데, 그것을 뒤늦게 알았다.

    아이의 마음에도 털어야 할 상처들이 있다. 그것에 닿기 위해서 겉도는 이야기만 할 게 아니라 깊이 있는 대화를 나눠야 한다. 결국 가예는 반장 선거에 나가지 않았지만 반장 선거라는 말에 대한 거부감이 한결 줄어들었다. 가예도 이제야 마음의 매듭을 풀고 편안해진 것 같다. 참 다행이다.

"가예야, 이번에는 좀 나가봐."

"싫어."

"너 같은 애가 반장 안 하면 누가 해. 똑 부러지게 잘할 텐데. 왜 싫을까?"

"그냥 싫어."

"그냥? 왜 싫은데? 떨려서? 하긴 엄마도 옛날에 반장 선거 나갈 때마다 떨리긴 하더라. 또 떨어질까 봐 그래? 지금은 말도 잘하잖아. 잘할 수 있을 텐데."

"(울먹거리며) 그때 정말 창피했단 말이야."

〈수현 생각〉

아이에게 하나의 주제를 깊이 파고들어 질문하는 건 생각만큼 쉽지 않다. 일단, 엄마의 인내심이 시험받는다. 질문해도 삐딱하게 답하거나 "몰라." 하면서 대답을 회피하는 아이 앞에서 짜증부터 치민다.

'아, 얘는 왜 이렇게 말을 안 들어? 이 고집 좀 봐. 누굴 닮은 거야.'

그런데 엄마만 자존심이 있나? 아이도 자존심이 있다. 자존심 상하는 이야기는 아이도 선뜻 꺼내지 못한다. 거기에 대고 계속 뾰족하게 질문하다 보면 아이는 추궁받거나 야단맞는다는 느낌을 받을지 모른다. 그럼 말문은 물론 마음의 문까지 굳게 닫아버린다.

그러니 말을 걸 때는 조심스럽게! 하지만 끈질기게!

나는 내 어린 시절 이야기를 꺼내어 공감을 표현한다. 마음을 터놓으며 이야기를 하다 보면, 아이의 속마음을 '훅' 건드리는 순간이 있다. 그 순간이 중요하다. 비로소 아이의 마음도 후련해질 테니까.

질 문 하 는
엄마의 관심말

02

요즘은
왜 친구 얘기 안 해?

막내 승우에게 좋아하는 여자친구가 생겼다. 은채. 어느 날, 샘이 나서 물었다.

"은채 사랑해?"

"응. 사랑해."

"어디가 예뻐서 은채를 사랑해?"

"등이 예뻐."

승우는 세상을 보는 눈이 달라도 너무 다르다. 정형화되지 않았다. 사랑스러운 지점을 잘도 찾아낸다.

그림을 그려도 한 방향으로 그리지 않고 종이를 360도 돌리거나, 자기가 자리를 움직여가며 그린다. 그걸 보고 선생님들도 신기해한다. 아직 공부 습관이 들지 않아서 그럴 수도 있다. 선생님들은 승우를 보며 획일화된 교육을 시키지 말라고 당부한다. 그래서 학원도 보내지 않고 그냥 뒀더니 조금은 다른 시각을 가진 아이가 된 것 같다.

아무튼 승우는 자주 은채 이야기를 했다. 엄마가 질투 날 정도로. 그런데 어느 날부터 은채 이야기가 쏙 들어갔다.

"왜 은채 얘기 안 해?"

"싫어졌어."

사랑한다던 친구가 갑자기 싫어졌다니. 나는 의아했다.

"왜, 은채가 너 한글 모른다고 놀렸어?"

"아니."

"그럼 수학 못 한다고 놀렸어?"

"아니."

"장난감을 네가 뺏었어?"

"아니."

승우는 남자아이라 말을 많이 안 하니까 내가 다양하게 질문을

질문하는
엄마의 관심말

해야 한다. 그런데 내가 던진 질문 중에 답은 없었다. 엄마가 자꾸 이상한 것만 물어보니까 답답했는지, 결국은 승우가 말을 꺼냈다.

"네가 이러지 않았으면 좋겠어, 그랬어."

승우가 좋아하는 마음에 자꾸 장난을 걸었던지, 그 여자아이가 그런 말을 했다는 것이다. 승우는 그 말에 상처를 받은 것 같았다. 자존심이 상하니까 엄마한테도 그 말은 쏙 빼고 "싫어졌어."라고만 했던 것이다.

계속 물어보지 않았으면 아마 모른 채 넘어갔을 일이다. 그러면 그 일이 두고두고 승우에게 상처로 남았을지 모른다.

아이가 너무 말이 없을 때도 아이 성격이라고 단정 짓지 말고 엄마가 노력해서 말문을 트이게 하는 것도 좋겠다. 아이들은 쉽게 말문을 닫아버린다. 속내를 보여줘도 되는 사람이 엄마라는 사실을 알게 하면 좋겠다.

〈승우 이야기〉

승우한테 새 여자친구가 생겼다. 백송현.

"송현이는 어디가 예뻐?"

"몰라."

"한번 생각해봐. 머릿속으로 그려봐."

"음, 귀여워."

"뭐가 제일 귀여워?"

"그냥 귀여워."

"아니, 구체적으로 얘기해봐."

"하나가 전체야."

하나가 전체라고? 이승우. 너 연애의 천재 아니니?

왜 학교가 싫어졌어?

"엄마, 나 전학가고 싶어."

가윤이가 투덜대며 말했다. 가윤이는 아주 예민한 아이다. 뭔가 자신에게 불편한 점이 있으면 그 일 전체를 싫어한다.

"왜 전학가고 싶은데?"

"학교가 너무 싫어."

"왜 학교가 싫어졌어?"

"선생님이 소리를 질러."

"그래? 선생님이 왜 그러실까? 다른 방법도 있었을 텐데."

자꾸 대화를 해도 가윤이는 학교 가기 싫고, 전학가고 싶다는 말만 반복했다. 그 원인은 선생님이 소리쳐서라며. 그런데 어느 순간 가윤이 눈에 눈물이 그렁그렁해졌다.

나는 가윤이에게 학교생활의 이것저것을 물으며 조금씩 파고들어 갔다. 그리고 숨겨왔던 사실을 알게 됐다. 가정통신문을 안 챙겨 간 가윤이가 복도에 서 있는 벌을 받은 것이다. 다른 아이들이 보고 있는데 교실 밖으로 나가 벌을 선 일이 가윤이는 너무 창피하고 서러웠다. 그때 느낀 수치심 때문에 학교까지 다니기 싫어진 것이다.

사실 내가 너무 바빠서 못 챙겨준 건데, 미안했다. 아이는 자존심 때문에 그 사실을 쏙 빼고 학교 가기 싫고 전학가고 싶다는 말만 되풀이했다.

"너무 싫어, 너무 싫어, 너무 싫어."라면서.

말이 나온 김에 선생님에 대해서도 자세히 물었다.
"선생님은 어떤 분이셔? 원래 무서우셔?"

그랬더니 가윤이는 처음 듣는 말을 했다. 아이들이 말을 안 들으면 등짝을 때릴 때도 있단다. 가윤이는 자기 몸에 손대는 것을 싫어하기 때문에 그것도 불편하게 느꼈나 보다.

먼저 가윤이를 위로했다.

질문하는
엄마의 관심말

"가윤이가 정말 속상했겠다. 너무 싫었겠다."

그 이후로 가윤이는 한동안 담임선생님 이야기를 많이 했다. 마음에 안 들었던 날, 선생님의 행동 중 싫었던 것들에 대한 이야기를 많이 했다. 그러나 다행히도 그 시간은 길지 않았다. 얼마 후 담임선생님에 대한 불만은 쏙 들어갔고 학교 가기 싫다는 말도 사라졌다.

내가 이야기를 꾸준히 들어주었기 때문에 쌓인 감정이 해소가 된 것이다. 많은 아이들이 그렇지만 특히 가윤이는 마음속에 있는 것을 엄마가 들어줘야 풀린다. 내가 바빠서 들어주지 못했더니 답답함이 쌓여 전학가고 싶다는 말까지 나왔던 것 같다. 그런데 한번 날 잡아서 길게 들어주고 나니까, 금세 마음이 풀렸다.

첫째인 가예는 학교생활을 너무 즐거워했다. 학교에 가기 싫다거나 선생님이 싫다는 말을 한 적이 없다. 그래서 가윤이가 학교 가기 싫다는 말을 했을 때, 이해를 못 했다. 괜히 내 관심을 끌려는 말이라고만 생각했다. 그러나 이야기를 들어보니 아이 마음이 이해가 되었다.

아주 오래된 이야기라도 아이 말을 끝까지 들어주는 자세가 중요하다. 아이가 하고 싶은 말을 충분히 다 할 때까지 들어주면 아이의 마음속에서 뭔가 해소되며 버틸 수 있는 힘이 생긴다.

물론 나도 내 스케줄에 쫓겨 매일매일 모든 이야기를 들어주지는 못한다. 아마 많은 엄마들도 그럴 것이다. 직장맘들은 더욱더. 그러나 대화는 '양'보다 '질'이 더 중요하다. 자주 나누지는 못하더라도 어느 날 날을 잡아 아이가 충분히 속마음을 쏟아낼 수 있는 기회를 만들어주자. 백 번의 영혼 없는 대화보다 더 의미 있는 시간이 될 것이다.

질 문 하 는
엄마의 관심말

⟨수현 생각⟩

아이의 마음을 섬세하게 살펴야 하는데, 어떻게 마음의 변화를 눈치챌 수 있을까? 나는 아이들이 신호를 준다고 생각한다. 아이들이 말할 때, 뭔가 다른 지점이 있다. 아이를 조금만 자세히 살펴보면 정말 서러웠던 날, 정말 속상했던 일이 있는 날에는 어딘가 다르다.

가윤이는 눈에 눈물이 확 고인다. 나를 닮아 눈물이 많기도 하지만 말을 하다 갑자기 눈물이 고일 때면 좀 더 깊이 아이를 관찰하게 된다.

가예는 눈물을 잘 보이지 않지만, 대신 입술을 살짝살짝 깨문다. 그럴 때면 '아, 얘가 속상하구나.' 하는 걸 눈치챈다. 그런 몸짓 언어들이 있다. 아이들을 평상시에 잘 살펴보면 다른 점들을 찾을 수 있다.

'이 얘기는 그냥 넘기면 안 되겠구나.' 하는 걸 그 신호들로 알 수 있다.

엄마가 그 신호를 알아주지 않으면, 누가 알아줄까.

공부는
왜 할까?

"가윤아, 공부는 왜 하는 것 같아?"

공부를 잘하라고 강요하지 않지만 아이들이 공부하기를 너무 싫어할 때는 가끔씩 물어본다.

아이는 대답한다.

"해야 되니까. 엄마가 하라고 하니까."

"가윤아, 공부의 본질이 뭘까?"

본질? 갸우뚱하는 아이한테 나는 설명한다.

"알기 위해서야. 아는 만큼 세상이 보이는 거란다. 더 풍요롭게 볼 수 있기 때문에 더 행복해지는 거야. 그래서 공부하는 거야."

이 말은 박웅현의 책 《여덟 단어》에 나오는 말이기도 하다. 가윤이가 이 말을 얼마나 이해했는지는 모르지만, 꾸준히 듣다 보면 언젠가는 '아, 엄마가 했던 말이 이 말이구나.' 하고 느끼는 순간이 올 것이다. 그때는 아마 훨씬 더 크게 깨달을 것이다. 그 순간을 위해서 지금은 다소 이해하기 어려운 말도 해준다.

말의 본질, 책 읽기의 본질, 내가 지금 하고 있는 일의 본질에 대해서도 나는 자주 이야기한다. 가예, 가윤이뿐 아니라 어린 승우한테도 한다. 지금은 온전히 이해하지 못하더라도 귀에 익숙해지도록 틈틈이 말해준다.

나야 이렇게 의도적으로 간혹 어려운 말을 하는 정도지만, 남편은 아이들과 대화할 때 어른들이 쓰는 어휘를 그대로 사용한다. 아니, 무슨 대학교수가 강의하듯 할 때도 있다. 너무 어려운 말을 써서 처음에는 나도 말렸다.

"나도 못 알아듣겠는데 저 쪼그만 애한테 그렇게 대화해서 알아듣겠어?"

하지만 남편 생각은 달랐다.

"괜찮아. 처음에는 모르겠지만 언젠가는 알아듣게 돼. 곧 익숙하게 될 거야."

그 말이 맞았다. 가예는 이제 아빠랑 거침없이 대화를, 아니 토론을 이어간다.

> 가예한테 정리습관을 가르칠 때도 '본질'에 대한 이야기를 많이 했다.

"가예야, 정리의 본질이 뭘까?"

"깨끗하게 하는 거?"

"아니. 정리는 준비과정인 거야. 내가 써야 하는 에너지를 제때 활용하기 위해서 미리 준비해 놓는 거야. 손톱깎이가 어디 있는지 몰라서 찾는 데 한 시간을 써버리면 얼마나 에너지 낭비야?"

가예가 어렸을 때 내가 잔소리를 거듭하며 강조했던 유일한 것이 정리였다. 정리의 본질에 대한 생각은 내 평소의 가치관이다. 나는 성격이 깔끔해서가 아니라 쓸데없는 에너지 낭비가 싫어서 정리를 한다.

"시험공부를 해야 하는데 필통 찾느라고 삼십 분, 문제집 어디에 있는지 찾는 데 삼십 분, 그러다 정작 책상에 앉았을 때는 이미 너무 지쳐서 공부할 수가 없잖아. 꼭 기억해! 정리의 본질을."

지금 가예 책상은 모든 것이 가지런히 정리돼 있다. 물건 찾느라 허둥대는 일이 거의 없다. 양말이 어디에 있는지, 필요한 책이 어디에 있는지 정확히 안다. 정리가 되어 있을 때, 무슨 일을 하든 자신의 에너지를 백 퍼센트 다 쓸 수 있다는 것을 가예는 완벽하게 알고 있다. 스스로 깨달은 아이한테는 잔소리할 필요가 없다.

질문하는

엄마의 관심말

이제 가윤이와 승우가 문제다.

"가윤이, 문제집 갖고 와 봐."

그러면 그때부터 삼십 분이다. 미적미적, 여기저기 뒤적뒤적.

"이승우! 아직도 주사위 못 찾았어? 오늘 안에 찾을 수 있겠어?"

이 녀석들, 정리의 본질에 대해서 얼마나 말해줘야 하는 거야.

"가윤아, 공부는 왜 하는 것 같아?"

"해야 되니까. 엄마가 하라고 하니까."

"가윤아, 공부의 본질이 뭘까? 알기 위해서야. 아는 만큼 세상이 보이는 거란다. 더 풍요롭게 볼 수 있기 때문에 더 행복해지는 거야. 그래서 공부하는 거야."

〈수현 생각〉

　책을 읽다가 나한테 확 다가오는 메시지가 있으면 여러 번 반복해서 읽는다. 너무 좋아서 기억해두고 싶고, 또 아이들한테 이야기해주고 싶어서다. 아이에게는 내가 받은 감흥의 반의 반도 전달이 안 될지도 모른다. 그러나 언젠가 그 메시지가 아이들한테도 큰 울림으로 다가갈 순간이 있으리라 믿는다.

　책을 무심히 읽으면 그냥 스쳐 지나가버린다. 내 안에 오래 잡아두려면 여러 차례 반복해서 읽어야 한다. 나는 엄마로서 성장하고 계속 새로워지기 위해 열심히 책을 읽고 생각한다. 아이들에게 좋은 엄마가 되기 위해서는 새로운 자극을 받아들여 모든 것에 유연해지는 것이 필요하다.

　아이들을 키우면서 나는 비로소 어른이 됐구나, 생각한다. 부모의 삶이란 아이들을 통해 인격체로 완성해가는 과정이 아닐까?

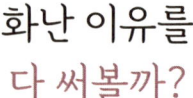

화난 이유를
다 써볼까?

"엄마, 언니가 또 내 연필 썼어. 언니 너무 싫어."

"잠깐 쓰고 줬는데 그걸 갖고 그래."

가예, 가윤이가 또 아옹다옹한다. 오늘은 그냥 넘어가면 안 되겠다. 나는 종이를 두 아이 앞에 펼쳐놓았다.

"뭐 때문에 화나는 거야? 이제부터 종이에다 화나는 이유를 다 써봐. 뭐가 싫은지 다 써봐."

아이들은 스무 개, 서른 개까지 줄줄이 쓴다.

"자, 그럼 이 중에서 두 개만 빼고 나머지는 다 버릴 수 있을 거

질문하는

엄마의 관심말

야. 한번 해봐. 정말로 화나는 이유, 두 개만 남겨봐."

《엄마는 왜 나만 갖고 그래》라는 책에서 배운 방법이다. 책에는 정말 서로 싫어하는 자매 이야기가 나온다. 걸핏하면 싸우는데, 평균 싸우는 횟수가 오십 번이다. 이때 마음을 글로 적어보라는 해결 방법이 제시된다. 언니가 너무너무 싫을 때는 왜 싫은지 써보는 것. 그리고 그중에서 두 개만 빼고 나머지는 다 버리는 것.

"가예야, 나도 너한테 생각나는 거 다 지적하지 않아. 열 개 중에 두 개만 지적하려고 노력해. 그러니까 가윤이한테 너무너무 화가 나더라도 여덟 개 버리고 두 개만 지적하려고 해봐, 너도. 사람이 어떻게 불만을 전부 다 말하고 사니? 그러면 네 옆에 남는 사람은 없을 거야."

"가윤아, 네가 풀 수 있는 문제와 풀 수 없는 문제가 있어. 풀 수 있는 건 언니한테 말하면 돼. 대신 '언니, 이렇게 하지 마!' 하고 소리치면 언니가 하겠니? '언니, 난 이게 정말 싫으니까 꼭 고쳐줬으면 좋겠어.'라고 말해야 고치지 않겠니?"

나는 아이들이 뭔가를 하기 싫어할 때, 화가 난다고 할 때, 속상해할 때, 종종 이렇게 그 마음을 써보라고 한다. 나 역시도 그렇게 한다. '죽고 싶어'라는 마음은 너무 크고 깊지만, 그걸 종이에 써보면 그저 작은 글자 몇 개일 뿐이다. 글로 표현된 것을 보면 그 감정을 내가 장악할 수 있을 것 같다. 눈에 보이는 만큼 가벼워진다. 그게 바로 감정을 적는 행위의 효과다.

그리고 해결할 수 있는 것과 해결할 수 없는 것을 체크해나가다 보면, 금세 실마리가 풀린다. 한결 짐이 가벼워진다.

"화낼 때도 단계가 있어."

나는 아이들에게 감정을 다루는 방법이나 화를 내는 방법에 대해 자주 말해준다.

"화를 낼 때 갑자기 화를 내거나, 참았다 화를 내면 더 폭발하게 돼. 그러니까 단계별로 표현해봐. 1단계는 이런 거야. '난 네가 이렇게 하니까 속상해, 네가 안 그랬으면 좋겠어.' 그런데도 그 아이가 또 반복하면 그럼 2단계로 넘어가. '내가 그렇게 말했는데 네가 또 안 하니까 이제 어떻게 할지 고민 중이야.'라고 말해."

아이들은 친구와 싸우면 단계를 거치지 않고 바로 "절교야!"라며 화내고선 울 때가 있다. 한창 친구 문제에 예민한 가예와 가윤이에게는 중요한 충고가 될 것이다. 특히 내가 잘하지 못하기 때문에 더욱 강조하는지도 모른다.

나는 화를 잘 내지 못한다. 내가 나 자신한테 제일 답답한 점이다. 무슨 말을 해야 하는 순간에 울음이 먼저 나온다든지, 자연스럽게 내 주장을 펼치면 되는데 오히려 큰소리로 버럭 화내버릴 때도 있다. 화내는 기술이 부족하다. 그래서 조금 속상해도 그냥 참고 넘

질문하는
엄마의 관심말

어가는데, 오히려 그게 쌓여서 폭발할 때가 있다. 아주 가끔. 그나마 상대가 주로 남편이다.

다른 사람과 싸워본 적은 한 번도 없다. 이건 부끄러운 일 아닌가. 얼마나 자기를 표현 못 하고 얼마나 자신감이 없으면 싸움 한번 제대로 못 할까. 불만이 없는 것도 아닌데. 속이 터질 것 같은데 표현을 안 할 뿐이다. 웃으면서 참는 척만 하고. 남편은 거기에 결정적인 한마디를 보탠다.

"참는 척하지 말고 참으려면 참고, 말려면 마. 참는 척하면 언젠간 크게 터져."

참는다는 건 뒤끝이 없어야 하는데, 앞에서 참는 척하고 속으로 쌓으면 그건 진정으로 참는 게 아니라는 것이다. 그렇게 참는 척하다가 삼 년에 한 번씩 미친 듯이 남편한테 터뜨릴 때가 있다. 그래서 두 달씩 말을 안 하기도 하니, 그걸 겪어본 남편이 하는 말이다.

감정을 스스로 통제하는 건 얼마나 어려운 일인지. 그래서 아이들만큼은 내가 못 했던 감정 조절이나 화내는 기술을 잘 익히길 바라며 연습시켜본다.

"또 화가 났어? 지금은 몇 단계야?"

"엄마, 언니가 또 내 연필 썼어. 언니 너무 싫어."

"뭐 때문에 화나는 거야? 이제부터 종이에다 화나는 이유를 다 써봐. 뭐가 싫은지 다 써봐."

"그럼 이 중에서 두 개만 빼고 나머지는 다 버릴 수 있을 거야. 한번 해봐. 정말로 화나는 이유 두 개만 남겨봐. 가예야, 나도 너한테 생각나는 거 다 지적하지 않아. 열 개 중에 두 개만 지적하려고 노력해. 그러니까 가윤이한테 화가 나더라도 여덟 개 버리고 두 개만 지적하려고 해봐. 사람이 어떻게 불만을 전부 다 말하고 사니? 그러면 네 옆에 남는 사람은 없을 거야."

〈수현 생각〉

남편은 나한테 화가 나는 일이 있어도 웬만해서는 화를 안 낸다. 나도 화를 잘 내는 사람이 아니지만, 몇 년에 한 번 미친 듯이 폭발할 때면 남편은 말한다.

"너는 나랑 있었던 즐거운 일이나 나 때문에 감동받았던 일은 다 잊어버리니? 그건 까맣게 잊고 나를 나쁜 놈이라고 말하는 거 보면 정말 속상하다."

내 감정이 상대를 나쁜 놈으로 만들어버리면, 다음부터는 좋은 사람이라는 생각이 들기 어렵다. 이미 색안경이 씌워졌기 때문에. 남편은 나 때문에 속상할 때 이런 생각을 한다는 것이다.

'그래 그때 정말 죽고 싶었는데 수현이 덕분에 내가 버텼지.'

그 생각을 하면 다 괜찮아진단다. 모든 것은 마음에 달렸다.

부모가 아이한테 실망하는 순간도 있다. 그런 날은 밤에 자기 전이라도 꼭 아이의 장점을 떠올려본다. 아이한테 실망했다는 것은 내 기준, 내 시각과 달라서인 것이다. 내 마음의 문제일 수 있다. 그것을 계속 마음에 담았다가는 같은 일로 아이를 삐딱하게 볼 수도 있으니, 빨리 교정해야 한다. 남편에게 배운 것을 나는 아이들과 또 나눈다.

마음을 표현하는
엄마의 사랑말

우리 둘이 보낸 시간
꼭 기억해!

"가윤아, 엄마 가방 사러 갈 건데, 같이 가자."
"우리만? 나만 가는 거야?"
"그래, 우리 둘이서."

하교하는 가윤이를 데리고 모처럼 오붓한 데이트에 나섰다. 가방을 사야 한다는 이유가 있지만 아이는 엄마와 함께 가는 것만으로 행복하다. 물론 나도.

삼남매 중 막내로 자란 나에게는 엄마와 단둘이 있었던 기억이 별로 없다. 엄마는 항상 언니만 쫓아다닌 것 같고 난 혼자일 때가 많았다. 그렇게 기억하고 있었는데 웬걸 알고 보니 내 착각이었다.

"무슨 소리야. 너만 데리고 쇼핑하러 간 날이 얼마나 많은데."

'엄마는 언니만 챙겨.' 하는 생각이 강하다 보니, 내가 받은 사랑의 기억은 싹 잊어버렸나 보다.

엄마에게는 한 명이나 두 명이나 세 명이나, '아이들'과 함께 보낸 시간으로 남지만 아이들에게는 다르다. 엄마가 자신에게만 집중해서 대화 나누는 시간과 모두가 함께 있는 시간은 전혀 다르게 느껴진다. 그리고 그 시간들이 많이 쌓이고, 그 시간에 각별한 감정들이 오고갈 때 아이는 '사랑받는다'고 느낀다.

그래서 나는 아이들과 개별적으로 시간을 보낼 때면 꼭 이야기한다.

"엄마랑 오늘 둘이 보낸 시간 꼭 기억해! 소중하니까 꼭 기억해야 돼."

큰아이인 가예와 막내인 승우에 비해 가윤이는 나와 단둘이 보낸 시간이 적다. 그래서 가윤이가 혹시라도 '우리 엄마는 언니만 예뻐했어. 승우만 예뻐했어.' 하고 기억하지 않도록 마음을 쓴다. 〈빅스타 리틀스타〉에 가윤이만 데리고 출연한 것도 우리 둘만의 추억을 더 쌓기 위해서였다.

가방 쇼핑을 끝내고 가윤이에게도 예쁜 지갑 하나를 선물했다. 돌아오는 길에 나는 다시 한 번 강조했다.

"가윤아, 오늘 진짜 행복하다. 오래오래 꼭 기억하자."

마음을 표현하는
엄마의 사랑말

"아이들은 하루에 일 분씩 꼭 안아주세요."

어디선가 이 말을 들은 후부터 나는 지키려고 애쓴다. 매일 아이들을 한 명씩 한참 동안 꼭 안아준다. 뛰어놀다 땀이 잔뜩 밴 몸으로 안길 때는 좀 예외지만.

"엄마가 널 안아주고 싶긴 한데 너무 더러우니까 씻고 와."

막내인 승우한테는 뽀뽀세례까지 퍼붓는다. 이런 모습을 보고 가예, 가윤이가 샘을 낼 때도 있다.

"엄마, 나랑도 뽀뽀해."

바로 위인 가윤이는 별 걸 다 질투한다.

"승우는 노는데 나는 숙제해야 돼?"

그럼 이렇게 말해준다.

"대신 네가 먼저 대학 가서 여행 다닐 때, 얘는 공부하고 있어야 돼."

엄마와의 시간을 독차지했던 가예조차 막내를 샘낼 때가 있다.

"엄마는 승우만 예뻐해."

그럼 나는 이렇게 답을 한다.

"봐봐. 어른 개하고 새끼 강아지가 있어. 넌 누가 더 예뻐?"

"새끼 강아지."

"나도 그래. 지금 내 눈에는 승우가 아직 더 애기야. 너도 봐봐.

네가 볼 때 승우가 더 귀여워, 가윤이가 더 귀여워?"

그쯤 되면 가예도 피식 웃고 만다.

"나는 오죽하겠니?"

아이들은 민감해서 엄마의 감정을 순간순간 읽는다. 그럴 때 억지 포장하지 않고 있는 그대로 이야기하면 의외로 잘 통한다. 간혹 내 행동이 치우쳤다고 판단될 때는 얼른 균형을 잡기도 한다. 그리고 아이 마음에 상처가 남지 않도록 바로 사과한다.

"속상했구나. 엄마는 몰랐네. 미안해."

마음을 표현하는
엄마의 사랑말

"가윤아, 엄마 가방 사러 갈 건데, 같이 가자."

"우리만? 나만 가는 거야?"

"그래, 우리 둘이서. 엄마랑 오늘 둘이 보낸 시간 꼭 기억해! 소중하니까 꼭 기억해야 돼."

〈삼남매 이야기〉

차가 서기 무섭게 튀어나가는 승우의 목덜미를 가예가 턱 잡는다.
"이승우! 조심해야지!"
운동신경이 뛰어나지 않아 자주 다치는 승우. 그걸 잘 아는 누나들은 엄마만큼이나 동생을 챙긴다. 하지만 아직 자기들도 아이인지라 승우를 챙겨야 한다는 것이 귀찮기도 하겠지.
가예는 투덜댄다.
"왜 밖에 나가면 내가 승우를 돌봐야 돼?"
가윤이도 덩달아 투덜거린다.
"엄마, 승우랑 같이 생일파티 가기 싫어."
말하지 않아도 자기가 돌봐야 되는 사실을 아는 것이다.
"모두 함께 사는 사회야. 도움이 필요한 약자는 돌봐주고 배려해야 돼. 엄마가 너희한테 항상 승우만 보라고 하지는 않잖아. 우리가 같이 나왔을 때만큼은 보살펴야지."
누나들도 말은 그렇게 하지만, 승우랑 함께 외출할 때면 시키지 않아도 제2, 제3의 엄마가 된다. 식구들 중에 누군가 한 사람이 조금 부족하면 나머지 사람들이 더 돌봐줘야 한다는 것을 아이들은 자연스럽게 배운다. 질투도 하고 시샘도 하지만 혼자였으면 몰랐을 것들을 삼남매는 그렇게 배워가며 자란다.

마음을 표현하는
엄마의 사랑말

02

엄마가 거짓말했어.
정말 미안해

학원에서 요리 시험이 있던 날, 새벽 세 시까지 공부를 하고 열심히 시험을 봤다. 집에 오니 금방이라도 쓰러질 것 같았지만 오자마자 짐을 챙겨야 했다. 남편이 퇴근하자마자 바로 주말여행을 가기로 약속했기 때문이다.

그때 가예가 다가와 물었다.

"엄마, 아직 책 안 왔어요?"

아차! 가예는 읽고 싶은 책이 있다며 벌써 여러 날부터 사야 할 책 리스트를 적어주었다. 인터넷으로 주문을 해주기로 해놓고 깜빡

했다. 가예가 한 번 말한 것도 아니고 '엄마, 책이 안 와요.' 하며 문자도 보냈을 때 '곧 올 거야. 주문했어.'라며 거짓말까지 했는데, 그 사실을 까맣게 잊고 있었다.

숨이 턱 막혔다. 뒤늦게라도 주문해보려고 얼버무리며 자리를 떴다. 그런데 가예가 리스트를 써준 포스트잇마저 사라진 게 아닌가. 이걸 어떡하지? 난 죽었다….

나는 방에서 나와 얼른 가예를 안았다.

"가예야, 너한테 할 말이 있어. 엄마가 너무 바빠서 책을 주문하지 못했어. 근데 너한테 주문했다고 거짓말을 했어. 정말로 미안해. 엄마가 지금 당장 책 주문할게. 필요한 책 다시 불러줄래?"

가예는 실망했지만 펄쩍 뛰며 화를 내지는 않았다.

"엄마 용서할 수 있어?"

"알았어. 용서할게. 지금 바로 주문해줘."

나는 가예를 다시 꼭 끌어안으며 말했다.

"용서해줘서 고마워. 그리고 너도 나한테 무슨 거짓말을 했을 땐 이렇게 말해줘. 네가 나를 용서한 것처럼 나도 너를 용서할 거야. 오늘 네가 나한테 가볍게 넘어가준 것처럼 엄마도 그렇게. 내가 하나 빚진 거잖아."

마음을 표현하는
엄마의 사랑말

아이를 키우는 데는 온 마을이 필요하다고 했다. 그런 점에서 옛날의 대가족 제도가 육아에 참 좋았다고 생각한다. 엄마 혼자 아이 보느라 전전긍긍할 필요가 없다. 아이들을 지켜보는 눈이 수십 개다. 그만큼 사랑도 많이 받을 수 있다. 눈에 거슬리는 행동은 어떻게든 아이를 구슬려 바르게 수정한다. 그러나 오늘날에는 엄마가 혼자 다 맡아서 해야 한다. 그만큼 잔소리가 많아질 수밖에 없다.

이런 생각을 하게 된 건 친정 오빠 때문이다. 친정 오빠가 아이들이 어렸을 때부터 예절교육은 자연스럽게 잘 시켰다. 만나면 외삼촌이 먼저 배꼽인사를 하며 "가예, 안녕하세요? 가윤이, 안녕하세요?" 하면서 아이들에게 인사를 유도했다. 아이들은 자기들을 무척 사랑해주는 외삼촌이 하는 행동을 보면서 그대로 따라 했고, 인사하는 습관은 따로 가르칠 필요 없이 몸에 뺐다. 덧붙여 나도 한마디 거들었다.

"인사를 할 때면 큰 목소리로 분명하게 해야 돼."

방송을 하며 터득한 지혜다. 인사를 하려면 티 나게 확실하게 해야 한다. 목소리도 작고 숫기도 없는 나는 방송 초창기에 인사를 안 한다는 말을 많이 들었다. 항상 열심히 인사를 했는데 그런 오해를 받은 이유는 상대방이 알아듣지 못했기 때문이다. 지나가는 사람 옆에서 슬쩍 인사를 해봤자, 그 사람이 알아채지 못한다. 그때 이후로 인사를 하려면 확실하게 해야 한다는 것을 알았다.

"미안해", "고마워" 같은 말도 마찬가지다. 아이들에게 미안하고 고마운 마음이 들 때면 나는 확실하게 표현한다. 사랑도 표현해야 한다. 엄마의 사랑을 모르지 않지만, 그래도 또렷한 말과 따뜻한 표정으로 엄마가 눈을 맞추며 하는 말은 아이에게 깊게 남는다. 존중받고, 사랑받는다는 것을 느끼게 한다.

"그걸 굳이 말로 해야 알아?"

이런 옛날 아버님들이 하던 생각은 버려야 한다. 표현해야 한다. 말로 해야 한다. 그럴 때 아이는 안심한다.

마음을 표현하는
엄마의 사랑말

"가예야, 너한테 할 말이 있어. 엄마가 너무 바빠서 책을 주문하지 못했어. 근데 너한테 주문했다고 거짓말을 했어. 정말로 미안해. 엄마가 지금 당장 책 주문할게. 엄마 용서할 수 있어?"

"알았어. 용서할게. 지금 바로 주문해줘."

"용서해줘서 고마워. 그리고 너도 나한테 무슨 거짓말을 했을 땐 이렇게 말해줘. 네가 나를 용서한 것처럼 나도 너를 용서할 거야. 오늘 네가 나한테 가볍게 넘어가준 것처럼 엄마도 그럴게. 내가 하나 빚진 거잖아."

〈수현 생각〉

　　아이들한테 또는 손아랫사람한테 '미안하다'는 말을 잘 못 하는 사람들이 있다. 사람은 누구나 실수할 수 있고, 그 실수를 인정하는 말일 뿐인데 그토록 하기가 힘든가보다. '미안하다'는 말에 인색하다 보니 '유감이다' 같은 말이 사과문에 대신 쓰이는 세상이 되었다.
　　부모라고 완벽할 수는 없다. 아이의 눈에 산처럼 커다랗게 보이는 부모이지만, 그 부모가 약속을 안 지키고 거짓말을 하는 모습도 아이들은 종종 보게 된다. 부모는 안 지키면서 아이한테 지키라고 윽박지를 때 아이 마음속에 부모에 대한 믿음은 사라진다. 세상에 대한 믿음도 사라진다.
　　나는 실수하거나 미안한 행동을 했을 때 바로 "미안해"라고 말한다. 물론 미안할 일을 아예 만들지 않으면 좋겠지만 그게 또 마음대로 안 된다. 잘못했을 때, 실수했을 때는 아이한테 꼭 말해보자.
　　"미안해!"

마음을 표현하는
엄마의 사랑말

03
나중에 엄마랑
클럽 가줄 거지?

크리스마스 때 가예한테 말했다.

"가예야, 나중에 대학 가면 크리스마스 때 엄마랑 가로수길 함께 걸어줘."

"알았어."

"나랑 클럽도 같이 가줘. 엄마가 정말로 관리 잘할게."

"알았어. 같이 갈게."

"꼭이야, 꼭!"

"알았다니까."

내가 애절하게 조르자 가예는 싱글벙글 웃으며 대답한다. 가예가 고학년이 되면서 나는 이런 이야기를 종종 한다.

"엄마, 나도! 나도 같이 갈게."

가윤이가 끼어들자 가예가 놀린다.

"하하, 너는 아니야, 나하고 가는 거야."

아직 한참 먼 이야기지만 가예한테는 당장이라도 벌어질 일인 듯 기분 좋아한다. '넌 분명히 훌륭한 성인이 될 거니까 나랑 같이 놀아줘.' 이런 믿음이 밑바탕에 깔린 말이기 때문이다. '와! 우리 엄마가 나랑 클럽 같이 가잰어.' 하면서 아이는 흐뭇해한다. 막상 그 나이가 되면 엄마와 같이 가고 싶을 리가 있겠나. 하지만 지금은 그 말이 아이의 가슴에 몽실몽실한 꿈을 품게 한다.

그렇다고 가예 기분 좋으라고 하는 빈말은 절대 아니다. 내 진심이기도 하다. 딸과 같이 클럽에 갈 수 있는 젊고 멋진 엄마, 꿈만 같다.

"예능 아무나 하냐? 철들면 안 돼."

언제나 개구쟁이 같은 성대현 씨가 한 말이다. 철들지 않은 어른. 그건 내 꿈이기도 하다.

"가예야, 엄마가 너무 속상한 일이 있었는데, 너라면 어떡하겠니?"

마음을 표현하는
엄마의 사랑말

미용실에 다녀온 날 내가 가예한테 상담을 청했다. 내 머리를 해주는 친구는 항상 너무나 상냥하고 친절하다. 그런데 고데기로 머리 뒤쪽을 뜨겁게 해서 델 뻔한 것이다. 벌써 두 번째다.

"가예야, 정말 친절한 사람인데 그렇게 머리를 자꾸 데게 하면 뭐라고 해야 할까? 아프니까 조심하라고 말해야 하나? 정색을 해야 할까?"

그러자 가예가 답했다.

"엄마, 한 번만 더 참아봐. 한 번만 더 참고 다음에 또 그러면 그때는 말해. 여기가 뜨거우니까 좀 조심해달라고 좋게 말해."

가예는 어느새 내 친구가 됐다. 현명한 조언도 해주고 말상대도 돼준다. 그래서 이처럼 고민을 이야기하면 해결책도 시원하게 말해주니 참 든든하다. 가예는 엄마가 자신을 믿고 조언을 청한다는 데서 자부심을 느낀다.

어른이 조언을 청하면 아이들은 의외로 현명한 답을 준다. 자신이 존중받는다는 자부심 때문에 신중하게 생각해 답을 말한다. 도움을 청할 때도 마찬가지다. 심부름과는 다르다.

"쓰레기 좀 버리고 와." 하는 것과 "엄마 좀 도와줄래? 이 쓰레기 좀 버려주면 고맙겠어."라고 말하는 것은 다르다.

"가윤아, 미안한데 엄마 오만 원만 꿔줄래? 돈을 못 찾았어."

세뱃돈 받은 지 얼마 안 돼 현금이 있다는 사실을 알고 내가 부탁했다. 은행 갈 짬이 없어 당장 쓸 현금이 바닥났을 때 아이들 신세를 진다. 이런 부탁을 가윤이는 기분 좋게 받아준다.

"고마워. 내가 은행에서 돈 찾으면 제일 먼저 갚을게."

가윤이는 엄마한테 부탁받은 것만으로도 기분이 좋다. 엄마를 도와줄 수 있어서 어깨를 으쓱한다.

"가윤아, 나중에 어른 되면 엄마 맛있는 거 꼭 사줘."

"알았어, 엄마. 알았다고."

"가예야, 정말 친절한 사람인데 그렇게 머리를 자꾸 데게 하면 뭐라고 해야 할까? 아프니까 조심하라고 말해야 하나? 정색을 해야 할까?"

"엄마, 한 번만 더 참아봐. 한 번만 더 참고 다음에 또 그러면 그때는 말해. 여기가 뜨거우니까 좀 조심해달라고 좋게 말해."

〈승우 이야기〉

아직 엄마한테 조언을 해주거나 돈을 빌려줄 수 없는 승우는 엄마와 감성을 나눈다. 외출했다가 아이들과 돌아오는 길에 노을이 아름다워 집에 들어가기가 싫었다. 나는 음악을 틀고 계속 달리고 싶었다.

"얘들아, 우리 들어가지 말고 하늘 더 볼까?"

가예랑 가윤이는 그냥 내려달라고 했다. 그때 승우가 말했다.

"집에 가기 싫어. 계속 가."

가예, 가윤이만 집 앞에 내려주고 승우와 나는 한참을 달리면서 노을이 지는 하늘을 보고 왔다. 클럽까지 안 가도 벌써 드라이브 친구가 돼준 내 아들, 멋진걸!

04
손바닥을 대봐.
천 년 전 기운이 느껴져?

"바닥이 다 반짝거린다."

몇 년 전 가을, 영주의 사과농장에 온 가족이 놀라갔다. 아는 분을 찾아갔는데, 덕분에 잘 익은 사과가 주렁주렁 매달려 있는 과수원을 처음 구경했다.

과수원 바닥에는 온통 은박비닐을 깔아놓았다. 햇빛이 반사돼 과일에 더 많은 빛이 가도록 만든 것이다. 설명을 듣자 가윤이가 말했다.

"아, 사과가 밑에도 거울을 봐서 더 잘 익는 거구나."

마당 한쪽에 곡괭이가 세워져 있고 다듬지 않은 흙 마당이 있는 시골집. 주인 할머니가 만들어주신 백숙도 맛있게 먹고, 마당에 있는 못난이 강아지랑도 재밌게 놀고, 처음 가보는 시골집에서 아이들은 신나게 뛰놀았다.

그 집을 나와 금산, 풍기에도 들렀는데 그때 찾은 오래된 백제 절이 아주 인상적이었다. 절 입구에 커다란 은행나무가 있었다. 사람들이 그 나무에 손바닥을 대고 있었다. 같이 갔던 분이 말했다.

"천 년된 나무예요."

갑자기 그 나무가 너무나 신비롭게 느껴졌다. 만져보니 너무 많은 사람들의 손길이 스쳐서인지 나뭇결이 보들보들했다. 가만히 손바닥을 대봤다. 기분이 묘했다. 천 년 전 사람들도 이렇게 손바닥을 댔겠지?

"가예야, 여기 손대봐. 옛날 사람이랑 인사하는 것 같아."

천 년 전 사람들이 밟았던 땅, 걸었던 길, 지나온 길. 그걸 상상하니 시공을 초월한 어떤 다른 세계에 서 있는 것 같았다. 아이들은 나만큼 황홀한 기분을 느끼는 것 같지는 않았지만, 신기해했다.

"그럼 이 길을 말도 지나가고 소도 지나갔겠네."

우리는 타임머신을 탄 듯 상상력을 펼치며 이야기꽃을 피웠다. 같으면서도 다른 풍경이 각자의 머릿속에 펼쳐지고 있겠지. 음…, 승우는 모르겠고.

마음을 표현하는

엄마의 사랑말

우리는 여행을 자주 가지는 않는다. 남편이 워낙 바빠서 주말을 이용해 잠깐 가까운 리조트에 다녀오는 정도다. 더 다양한 경험을 시켜주면 좋겠지만, 아직은 온 가족이 떠날 여건이 안 된다. 한번은 남편을 빼고 아이들만 데리고 캠핑을 떠난 적이 있다. 뜻밖에 재미가 쏠쏠했다.

안전한 캠핑장이라 과감히 남편 없이 떠났지만 모든 게 처음이라 당황스러웠다. 난생처음 텐트를 치고 모닥불도 피우고 고기를 구워먹었다. 놀랍게도 아이들은 자기들이 나서서 열심히 도왔다. 어린 승우도 눈치로 느꼈는지, 말썽도 안 피우고 차분하게 잘 놀았다.

혼자 아이들을 데리고 간 엄마의 마음을 읽었던 걸까? 안전하게, 조심해야 한다는 내 마음속 목소리를 아이들도 감지했던 것 같다. 굳이 단속하지 않아도 아이들은 위험한 일은 피하고 고사리 같은 손을 모아 제 몫을 했다.

모닥불 피워놓고 마시멜로를 꼬치에 꿰어 구워먹는 맛은 꿀맛이었다. 가예가 고학년이 된 다음부터는 모닥불 앞에서 코코아를 마시며 도란도란 이야기하는 재미도 생겼다.

첫 캠핑의 성공 이후 재미를 붙여 친구 엄마들과 그 가족과 왕왕 캠핑을 떠났다. 아침에 다른 집 아이들이 컵라면 먹는 모습을 보는 것도 우리 아이들의 재미다. 집에서 라면을 한 번도 안 줬기 때문에 우리 아이들은 라면을 먹지도, 욕심내지도 않는다. 다만 그렇게 어울리는 풍경을 재미있어 했다.

 색다른 공간에 가면 감성이 다르게 작동하는 것을 느낀다. 내가 느낀 것을 아이들에게 권하기도 하고, 말해주기도 하며 아이들도 새로운 자극을 한껏 받아들인다. 때로는 내가 느끼지 못한 것을 아이들이 느끼고 말해주기도 한다. 그렇게 새로운 감성을 주고받는 시간이 참 행복하다.

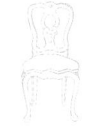

〈수현 생각〉

    영주 여행을 갔을 때 과수원 옆에 작은 버스정류장이 있었다. 영화 〈건축학개론〉에서 주인공들이 키스를 나눈 지붕 있는 정류장.
    아이 셋과 남편과 나, 우리 다섯 식구는 그 버스 정류장에 나란히 앉아서 한참 동안 햇볕을 쬐었다. 딱히 버스를 기다리는 것은 아니었다. 빨갛게 익은 홍옥 사과를 하나씩 먹으며 온통 사과밭으로 둘러싸인 정류장에 앉아 한가롭게 시간을 보냈다. 서울의 일상 속에서는 상상해본 적도 없는 풍경이었다. 언제나 바쁘고 빈틈없는 남편도 느긋하게 앉아 있고, 아이들도 천천히 흐르는 시간 속에 예쁘게 앉아 있고. 잊을 수 없는 행복한 시간이었다.
    가끔 쉼표처럼, 아이들에게도 시간이 천천히 흐르는 곳으로 자주 안내하고 싶다.

가윤이의 일기

No. Date 10. 7. 토

제목 풍기

아침에 일어나서 숙제를 하고, 짐을 싣고 풍기에 갔다. 차에 타서 가윤이랑 인형놀이를 하다가 좀 잤다. 눈만 감았다 댔을 뿐인데 벌써 도착하기 10분전이 었다. 그런데 멀미가 나서 눈을 깜고 있었더니 도착을 해서 내가 차문에 기대어 있었는데, 아빠가 차문을 열어서 깼다. 일단, 밥을 먹고, 과수원을 가서 포도밭, 생강밭, 땅콩밭, 배추밭,고추밭을 밭는데 "아차!!" 닭의 시체를 보고 말았다. 으앙 우웩!!! 그리고나서 소수 서원 에 갔다. 그리고 5백년 된 나무 ##왔다. 정말 예뻐서 3개나 땄다. 정말 기념 으로 따온 건데 그런데 나는 종이랑 된거하 나 빵아서 사이에 끼두고 왔다. ㅋㅋ 나만의 비협으로!!

제목: 풍기

　아침에 일어나서 숙제를 하고, 짐을 싸고 풍기에 갔다. 차에 타서 가윤이랑 인형놀이를 하다가 좀 잤다. 눈만 감았다 떴을 뿐인데 벌써 도착하기 10분 전이었다. 그런데 멀미가 나서 눈을 감고 있었더니 도착을 해서 내가 차문에 기대어 있었는데 아빠가 차문을 열어서 깼다. 일단 밥을 먹고 과수원을 가서 포도밭, 생강밭, 땅콩밭, 배추밭, 고추밭을 밟는데 아차! 닭의 시체를 보고 말았다.

　그리고 소수서원에 갔다. 그리고 오백 년(오백 년 된 나무도, 천 년 된 나무도 있다) 된 나무에서 잎을 땄다. 정말 예뻐서 세 개나 은행잎을 땄다. 기념으로 따온 건데 종이 사이에 넣어 갖고 왔다. 나만의 비법으로!

05

넌 어쩜
이렇게 재밌니?

리액션이 좋다는 말을 종종 듣는다. 상대방의 말에 잘 웃고 잘 호응한다. 너무 웃으면 오히려 상대가 "에이, 영혼 없는 리액션!" 하고 민망해하기도 하지만, 웃음이 나오는 걸 참지 못한다.

요리학원에서 프랑스 선생이 처음 강의하는 날이었다. 생선요리를 소개하던 중 통역해주는 분이 말했다.

"자, 여러분 웃어주셔야 돼요. 프랑스 선생님이 지금 유머를 하셨는데요, 그 말에 안 웃으면 상처받을 수 있으니까요. 물고기는 원래 귀가 없대요."

마음을 표현하는
엄마의 사랑말

그 말이 끝나기가 무섭게 나는 빵 터졌다. 진짜 웃겨서 큰소리로 웃었다. "진짜 웃겨요, 하하하."

웃음이 전염돼서 동료들도 크게 웃자, 선생님은 기분이 좋아져서 말했다.

"자, 프랑스에 오시면 여러분을 모두 집으로 초대하겠습니다."

그 후로는 농담만 하면 자꾸 나를 쳐다보며 웃는지 확인하려 했다. 프랑스 선생한테도 내 리액션이 통하는구나.

반응이 좋으면 말하는 사람도 신나는 건 당연지사다. 그리고 마음을 열게 된다. 남편은 차갑고 딱딱한 편이었는데 나랑 데이트를 하며 많이 유쾌해졌다. 내가 너무 잘 웃어주고 받아주니까 점점 말도 많아지고 유머도 구사하기 시작했다. 나는 내가 있는 공간이 편안하고 환하고 따뜻하면 좋겠다. 나는 충돌이 싫고 긍정적인 에너지가 좋다.

그런데 첫아이를 낳고는 무척이나 당혹스러웠다. 이 조그만 아기를 어떻게 웃겨야 하지? 어떻게 반응해야 하지? 모든 게 어설픈 그 시절, 걷지도 못하는 가예가 양반다리를 하고 앉아서 나를 쳐다봤다. 육아에 지친 나머지 어떻게 해야 할지 몰라 혼란스럽던 나는 걸레질을 하다 말고 바닥에 툭 던져버렸다. "에잇!" 하면서. 그 모습을 보고 갑자기 가예가 빵 터져서 정신없이 웃었다.

"엥? 이게 재밌어?"

나는 다시 걸레를 쭉 짜서 휙 던져봤다. 가예는 또 웃음이 터졌다. 하하하하. 아이가 막 웃으니까 나도 절로 웃음이 났다. 나도 '하하하하' 웃으면서 또 액션을 크게 해서 걸레를 던졌다. 아이는 또 자지러질 듯 웃었다.

아, 이거구나! 그때부터 나는 아이에 대한 리액션도 터득했다. 뭐든 크게 크게! 목소리도 크게, 액션도 크게, 반응도 크게! 그렇게 하자 가예는 언제라도 내게 웃음을 보였다. 아이가 이야기를 하기 시작한 다음에는 말에 귀 기울이며 반응을 크게 했다. 아이는 자신감을 얻어 나한테 하나라도 더 말해주려 했다. 상승작용으로 나도 더 반응하고. 그렇게 서로 격려하며 아이들과 나는 성장하고 있다.

지금도 가예는 너무나 웃긴 이야기를 많이 한다. 그럼 나는 신나게 웃어준다.

"넌 어쩜 이렇게 재밌니?"

그럼 가예는 재밌는 이야기가 있으면 얼른 엄마한테 들려주고 싶어 달려온다. 사랑은 이렇게 오고가는 거겠지?

가윤이는 사람의 마음을 살살 녹이는 아이다. 아이들 친할머니가 엄한 분이라 아이들이 어려워한다. 그런데 가윤이는 자기 휴대전화가 생기자 바로 "할머니, 할머니 전화번호가 뭐예요?" 하고 물어 할머니를 기쁘게 했다. 가윤이는 말 한마디로 감동을 전할 줄 안다. 가윤이는 특히 경직돼 있고 긴장해 있는 사람에게 따뜻한 웃음을 주는 아이다. 나처럼 자신이 있는 공간이 어색하고 불편한 것을 못 견뎌서 스스로가 햇살이 돼서 즐겁게 만들려고 한다.

새언니가 결혼을 앞두고 처음 우리 집에 왔을 때였다. 예비 시댁 식구들이 모두 모인 자리에 처음 찾아온 예비 새댁은 얼마나 떨리겠는가. 더구나 방송하는 사람이 둘이나 있으니 그것도 부담스러웠을 것이다. 이래저래 겁먹고 우리 집에 왔을 텐데, 그때 먼저 가서 손을 잡고 끌어당겼던 아이가 가윤이였다.

나도 결혼 전 시댁에 처음 인사하러 갔을 때, 초등학교 1학년이던 남편 조카가 내 손을 잡아 끌어줘 정말 고마웠다. 우리 집에서는 가윤이가 그런 역할을 한다. 가윤이는 누군가 그 자리를 낯설어하고 불편해하는 것을 못 견딘다. 어떻게든 자기가 그 사람 마음을 풀어주려고 애쓴다. 자기 마음을 먼저 보여주고 표현하며 다른 사람을 편안하게 해주는 마음. 내가 가진 장점이 아이들에게도 영향을 미친다고 생각하니 기쁘다. 더 많이 표현해야지.

〈가윤 이야기〉

가윤이는 어른도 꼼짝 못하게 만드는 매력이 있다. 집에서는 TV를 안 보니까 할아버지 댁에 갈 때면 아이들은 TV 보는 재미에 흠뻑 빠진다.

"할아버지 TV 보여주세요."

할아버지가 "안 돼!"라고 말씀하시면 다들 포기하고 마는데, 가윤이는 다르다. 할아버지 옆에서 귀엽게 애교도 떨고, 무릎에도 앉으면서 어떻게든 할아버지를 자기 편으로 만든다. 그리고 기어이 TV를 보여주게 만든다. 리더십도 뛰어나서 겨우 세 살 되던 나이부터 식구들을 한 명씩 지목하며 가위바위보 놀이를 했다.

"할머니, 가위바위보!", "이번에는 할아버지!", "이번에는 수진이 이모!" 앉아 있는 모든 어른들을 이제 겨우 말문을 튼 조그만 아이가 지휘를 했다. 생각할 틈도 주지 않고 다다닥 밀어붙이는데 어른들도 즐겁게 빨려 들고 말았다. 도대체 그런 능력은 누구를 닮은 거지?

마음을 표현하는
엄마의 사랑말

06
싸우면
다 잃는 거야

형제가 많으면 놀 사람이 많아 좋다. 우리 아이들은 집에만 있어도 셋이서 알콩달콩 잘 논다. 그러나 좋은 순간만 있는 건 아니다. 조금 전까지 낄낄대다가도 금세 울먹이며 싸우기 일쑤다. 아이들이 싸울 때 부모는 난감해진다.

가예랑 가윤이가 예쁜 볼펜 하나를 가지고 싸운다.

"언니가 이거 준 거잖아."

"내가 언제 줬어?"

"언니가 분명히 이거 줬단 말이야."

벌써 얼굴이 벌개져서 둘 다 흥분해 있다. 나는 진실을 모른다. 그래도 그 순간 싸움은 중단시켜야 한다. 나는 누구의 편도 들지 않고 문제의 원인이 된 물건을 버리는 쪽으로 결정한다.

"잘됐다. 그거 제발 좀 버리자. 빨리 쓰레기통 가져 와."

그러면 누군가 양보한다. 솔로몬의 판결 같은 것이다. 없어지는 것보다는 상대한테 뺏기는 편이 낫다는 걸 안다. 엄마는 정말 버려 버리기 때문이다. 양보하는 쪽이 거의 가윤이라는 게 문제지만.

우리 집에서 아이들이 물건을 가지고 싸울 때면 내가 하는 말은 한결같다.

"가져 와. 그거 버리자. 너희들이 싸우면 난 항상 똑같아. 뺏어버릴 거야. 왜냐면 이게 없으면 너희들이 싸우지도 않을 테니까. 어떡할래? 싸우면 다 잃는 거야."

아이들은 싸움을 멈춘다. 아이들도 내가 누구 편도 들지 않을 거라는 것을 알고 있고, 또 아이가 셋인 엄마가 충분히 지쳐 있다는 것도 안다. 그래서 잠깐은 싸우더라도 결국 문제를 해결한다.

일관성을 지키는 것은 그래서 중요하다. 엄마가 편하기 위해서, 엄마의 말이 정확하게 전달되고 효과적이기 위해서는 일관된 육아 원칙이 필요하다. 이는 예외가 없다는 사실을 깨닫게 해준다.

마음을 표현하는
엄마의 사랑말

가예와 가윤이가 싸울 때 나는 항상 중립을 지킨다. 그러나 때때로 내 마음은 가윤이에게 기운다. 내 어릴 적 기억이 떠오르며 순간적으로 감정이입이 된다. 나도 자랄 때 언니와 많이 싸웠다. 여자아이들이 싸운다고 해봐야 티격태격 말싸움이지만, 언니가 늘 혜택을 받고 자란다는 생각에 서러웠던 기억이 있다.

가예와 가윤이를 봐도 양보하는 쪽은 대체로 둘째인 가윤이다. 가예는 첫째라 동생들이 태어나기 전부터 온갖 사랑을 독차지해왔다. 그래서 지금도 좋은 건 자기가 먼저 차지하려고 한다. 심지어 가윤이가 선물로 받아온 것도 자기가 먼저 써보려고 한다. 가윤이가 생일 선물로 받은 양말을 냉큼 신어보는 가예를 보고 가윤이가 소리쳤다.

"언니, 신지 마. 그거 내 선물이란 말이야."

이렇게 가윤이가 서러워서 울기 시작하면 내 감정이 중립을 잃고 가윤이에게 쏠린다. 내가 동생 시선으로 가예를 보다 보니까 가예가 좀 더 혼나기는 한다.

"가예야, 만약 네가 생일 선물로 받은 걸 가윤이가 썼다고 생각해봐. 얼마나 기분 나쁘겠니? 너는 그랬으면 정말 가만 안 있었을 거야. 양말, 가윤이한테 돌려줘."

합리적인 가예는 이해하고 받아들인다. 그러나 문제는 가예가 무심코 같은 행동을 반복하는 것이다. 오랫동안 자기중심으로 받기만 했던 아이라 쉽게 받아들여지지 않는 모양이다. 그런 가예의 모습에서 우리 언니가 겹쳐지면서 어릴 적 내가 느낀 서러움이 새록새록 폭발한다. 서러운 둘째 마음, 내가 몰라주면 누가 가윤이 마음을 알아주겠나.

마음을 표현하는
엄마의 사랑말

〈가윤 이야기〉

　같은 둘째 입장이라 가윤이를 누구보다 잘 이해하지만 가윤이에게 화를 낼 때도 많다. 바로 타이밍 때문이다. 이를테면 이런 식이다.
　가예가 한창 속상한 일을 이야기하고 뒤이어 승우도 속상한 일을 말한다. 듣고 있는 나도 점점 기분이 안 좋아진다. 그때 가윤이가 3등으로 와서 속상했던 일을 또 말한다. 그러면 심리적으로 지친 나는 앞의 두 아이들에게 한 것처럼 "아유, 속상했겠다." 하는 식의 공감이나 위로의 말이 나오지 않고 짜증이 올라온다. 상황을 보고 타이밍을 잘 맞추면 좋을 텐데 안타깝다.
　한편 어린 승우가 신이 나서 갑자기 소리를 지를 때가 있다. 그때 아홉 살인 가윤이도 덩달아 소리를 꽥꽥 지른다. 그러다 아빠에게 된통 혼난 적도 있다. 가윤이로서는 서럽고 억울할 것이다.
　"가윤아, 어린 동생 따라서 네가 할 행동은 아닌 것 같아. 하고 싶어도 좀 참아봐."
　안쓰럽기도 하고 답답하기도 한 둘째. 이 모든 것을 겪어내며 자라는 거겠지?

아이를 지켜주는
엄마의 안심말

01
그럴 땐
엄마 핑계를 대

"엄마가 안 된다고 했어."

나는 예나 지금이나 상대방에게 거절을 잘 못 한다. 그런 내가 답답하셨던지 친정엄마가 가르쳐준 방법이 있다.

"수현아, 엄마 핑계를 대. 엄마가 안 된다고 했다고 해. 알았지?"

친구의 요청을 거절하고 싶을 때는 엄마 핑계를 대라는 것이다. 어른이 되어서도 달라지지 않는 나를 보고는 조언을 업그레이드하셨다. 답하기 곤란할 때는 갑자기 화장실을 가버리라는 것이다.

"아이고 배야, 하면서 화장실을 가버려. 어떡할 거야, 화장실이 급하다는데. 하하."

그 말에 우리 모녀는 배를 잡고 웃었다. 얼마나 안쓰러웠으면 그런 말까지 하셨을까. 그런데 실제로 나는 그 조언을 써먹은 적이 있다. 효과만점이었다.

가예가 〈붕어빵〉에 출연한 이후로 전화번호를 알려달라는 친구들이 많아졌다. 친하지 않은 다른 반 아이부터, 잘 모르는 언니들까지 와서 전화번호를 묻는다며 어찌해야 할지 고민했다. 심지어 전화기를 빼앗아 내 번호를 알아가는 아이들도 있었다. "연예인이다. 연예인 번호 가졌다!" 하면서.

가예는 당혹스러워 어찌할 바를 몰랐다. 엄마의 전화번호를 친구들이 가져갔으니 엄마한테 혼날까 봐 무섭기도 한데 그렇다고 거절은 못 하겠고.

가예도 마음이 약해서 거절을 잘 못 한다. 이제 내가 친정엄마에게 배운 방법을 알려줄 차례다.

"가예야, 엄마 핑계를 대. 엄마가 알려주지 말라고 했어요, 그래."

이렇게 거절할 수 있는 말을 항상 머릿속에 두고 다니면 마음이 편하다. 어떤 상황에서도 말할 수 있는 카드 하나가 있으니까.

"내가 일을 하기 때문에 가예와 가윤이에게 일찍부터 휴대

아이를 지켜주는
엄마의 안심말

전화를 사줬다. 학교가 멀어 등하교를 할 때 데리러 가려면 서로 연락이 닿아야 하기 때문이다. 그런데 고학년이 되고부터는 주변에 스마트폰을 가진 아이들이 많다 보니 아이들끼리 카톡방을 만들어서 수다를 떤다고 했다. 소외감을 느꼈는지 스마트폰으로 바꿔달라고 말한 적이 있다. 그즈음 친척으로부터 따돌림을 당해 자살한 학생 이야기를 들었다. 가예도 옆에서 함께 들었는데 무척 놀라는 눈치였다.

"가예야, 카톡방에서 괴롭히는 아이들이 많다는 얘기를 들었어. 나가면 또 초대하고 나가면 또 초대하면서 괴롭히고, 단체로 따돌리기도 한대. 얼마나 괴롭겠니. 그러니까 스마트폰은 대학교 때 사자."

그 이후 가예는 스마트폰을 갖고 싶다는 말을 하지 않는다. 스마트폰이 없는 친구랑 둘이 카톡놀이를 하며 논다고 했다. 어떻게 하는지는 모르겠지만 그만큼 여유가 생긴 것 같아 반가웠다.

"야, 너희들 정말 재밌겠다."

여자아이들은 예민해서 친구 문제로 속을 끓일 때가 많다. 가예와 가윤이를 지켜보니 여자아이들 사이에 자주 쓰는 말이 '단짝'과 '절교'였다.

"너랑 안 놀 거야. 절교할 거야."

가윤이는 수시로 "걔랑 절교할 거야."라는 말을 한다. 진짜 말도 안 되는 사소한 문제지만, 자기 마음이 좀 토라지면 '절교'란 말이 수시로 나온다. 단짝이었던 친구가 다른 친구와 놀면 섭섭해지고 화가 나는 것이다. 강하고 똑 부러진 것 같은 가예도 단짝이 없을 때는 쓸쓸해한다. 그래서 전에는 이렇게 말해줬다.

"가예야, 단짝이라는 말을 안 쓰면 어때? 단짝 만들지 말고 그냥 두루 친하게 지내봐."

단짝이었던 친구와 싸우면 상처를 많이 받는다. 그래서 차라리 여러 명의 친구를 만들라고 했다. 얘랑 싸우면 또 재랑 놀면 되니까. 살면서 얼마나 많은 관계를 맺으며 살아가는가. 관계를 맺고, 또 그 관계가 깊어지거나 자연스럽게 멀어지거나 하는 것이다. 그렇게 나이를 먹는 게 아니던가.

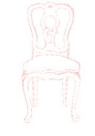

〈수현 생각〉

"서진이랑 절교할 거야."

가윤이가 또 절교 운운한다. 나는 서진이 엄마와 친한 사이다. 서진이와 가윤이는 서로 친한 만큼 토라질 때도 많다. 그럴 때면 아예 반대로 말해준다.

"그래? 잘 됐다. 이제 서진이랑 놀지 마, 절대 놀지 마."

'친구들끼리 싸우면 안 되지, 서진이랑 얼마나 친했는데, 먼저 가서 양보해, 네가 사과해.' 이런 말을 하는 것보다 오히려 효과가 더 크다.

아이들의 반발심리를 이용하는 것이다. 하기 싫은데 '하라, 하라' 하면 더 하기 싫다. 엄마가 잘됐다고 놀지 말라고 하니 가윤이는 갑자기 그 관계가 소중하게 느껴진다. 엄마 말처럼 절대 안 놀 생각까지는 없었는데 말이다. 다음 날 둘은 화해하고 다시 뭉친다. 나는 이런 아이들 심리를 잘 이용한다. 내가 아직도 어린 시절의 그 심리를 기억하기 때문이다.

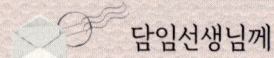
담임선생님께

긴 이야기는 가예의 일기장에
담임선생님께 드리는 편지를 써서 소통하기도 했다.

담임 선생님께

선생님, 안녕하세요. 가예 엄마입니다. 직접 찾아뵙고
말씀드려야하는데 아직 학기초라 뵙질 못했습니다. 가예가
금요일마다 일산 탑원스튜디오에서 응애뺑이라는 프로그램
녹화가 있습니다. 다행히 수업 끝나고 바로 출발하면
되는데 끝나서 집에 오면 열시가 조금 넘는 시간이라
금요일의 일기는 힘들수도 있습니다. 되도록이면 학교에서
빼먹지는 일은 피하겠지만 부득이하게 생기는 일에는
이해를 부탁드리겠습니다. 특별한 목적이 아닌, 다양한
경험을 위해 하는 일이라, 가벼운 마음으로 이해해주셨으면
합니다.
부탁드릴께요.

담임선생님께

선생님 안녕하세요. 가예 엄마입니다. 직접 찾아뵙고 말씀 드려야 하는데 아직 학기 초라 뵙질 못했습니다. 가예가 금요일마다 일산 탄현스튜디오에서 붕어빵이라는 프로그램 녹화가 있습니다. 다행히 수업 끝나고 바로 출발하면 되는데 끝나서 집에 오면 10시가 조금 넘는 시간이라 금요일 일기는 쓰기 힘들 수도 있습니다. 되도록 학교에 폐 끼치는 일을 피하겠지만 부득이하게 생기는 일에는 이해를 부탁드리겠습니다. 특별한 목적이 아닌 다양한 경험을 위해 하는 일이라, 가벼운 마음으로 이해해주셨으면 합니다. 부탁드릴게요.

02

네 뒤에는 언제나 엄마가 있어

가예가 5학년 여름방학을 맞을 때였다. 방학식을 마치고 돌아오더니 나를 보자마자 말했다.

"엄마, 승혁이 용평간대."

승혁이는 가족끼리도 잘 아는 집의 아들이다. 우리 가족도 방학 때 용평에 가기로 했는데, 마침 그때쯤 승혁이도 간다는 말을 가예는 신나게 전했다. 내가 의아했던 점은 승혁이가 남자라는 점, 그리고 가예가 남자아이 이야기를 신나게 하는 게 처음이라는 점이다. 보통 고학년이 되면 여자아이들은 여자들끼리만 놀고, 남자아이들은 끼워주지도 않는데 말이다. 내가 너무 예민한 걸까?

며칠 후, 용평에 갔을 때 승혁이네 가족을 만났다. 가예는 승혁이와 이야기하며 많이 웃었다. 그 모습이 참 예뻐 보였다. 승혁이는 어른이 볼 때도 듬직하고 점잖은 아이다. 그래, 승혁이라면 사귄다고 해도 허락해줄 거야.

언젠가 가예한테도 남자친구가 생기고 애인이 생기고 남편이 생기겠지. 그날을 생각해보게 된다. 가예가 엄마에게 좋아하는 남자친구에 대해 거리낌 없이 말할 수 있을까? 부디 나를 부담 없는 대화상대로 여겼으면 좋겠다.

마음 아픈 상황이 벌어져도 누구한테 말 못 하고 끙끙 앓지 않았으면. 세상 끝에 몰린 것 같은 힘든 순간에도 기대고 싶은 사람, 그런 사람이 엄마였으면 좋겠다.

"네가 힘들고 망가져도 괜찮아. 네 뒤에 언제나 엄마가 있잖아. 엄마가 항상 옆에 있을게."

무엇이든 잘하고 싶어 하는 가예에게 나는 언제나 이렇게 말해주었다. 실패를 두려워하거나 겁낼 필요 없다고. 누구나 상처입고 바닥에 떨어진 것 같은 느낌을 받을 때가 있는데, 그때도 엄마는 항상 네 뒤에 있을 거라고. 아이들의 마음에 이런 생각이 든든하게 자리 잡고 있으면 좋겠다.

"그래, 내 뒤에는 언제나 나를 사랑하는 엄마가 있어."

❝ 돌이 갓 지난 아이를 둔 친구가 나한테 고민을 털어놓았다.

"애가 나를 안 좋아해. 어쩌면 좋지?"

인터넷을 쳐보니 같은 고민을 하는 엄마들이 많다면서 친구는 한숨을 쉬었다.

"내가 흰머리가 많아서 그런가? 염색을 할까?"

친구는 별별 요인을 다 떠올렸다. 엄마를 좋아하지 않는 아이. 그런 아이를 바라보는 엄마. 이 문제는 어떻게 풀어야 할까. 나는 이렇게 말해줬다.

"문제는 다른 데 있는 게 아닐까. 얼마나 아이와 시간을 보내는지 따져봐. 그러면 시간 나이가 나와. 아이가 아직 너하고 보낸 시간 나이가 부족해서일지도 몰라."

엄마와 아기가 돌이 될 때까지 일 년이란 시간을 충실히 보내면 아이의 시간 나이가 비로소 한 살이 된다. 그런데 엄마와 보낸 시간이 충분하지 못하면 물리적 나이는 돌이 되었어도 아이의 시간 나이는 한두 달밖에 안 될 수 있다. 엄마와 보낸 시간 나이를 체크해서 그 나이가 2개월이 된 아이라면 물리적 나이는 두 살이 되었더라도 2개월 아이처럼 다루어야 한다. 2개월짜리 아이처럼 더 자주 안아주고 더 많이 사랑한다고 표현해야 한다.

"그게 해결되지 않으면 문제는 계속 반복될 거야. 충분히 더 사

아이를 지켜주는
엄마의 안심말

랑해줘."

EBS 〈부모〉라는 프로그램을 오래 진행했다는 이유로 나한테도 아이 문제를 물어보는 사람들이 많다.

"우리 애가 이런데 어떻게 해야 되지?"

그러면 내 대답은 하나다.

"충분히 사랑해줘야 돼."

답은 그거밖에 없다.

모든 문제의 열쇠는 사랑이다. 이것 역시 내가 〈부모〉를 진행하면서 배운 것이다. 아이들에 관한 수많은 문제들이 나오는데, 초등학교 저학년까지 발생하는 문제의 대부분은 여기에서 비롯된다. 충분한 부모의 사랑이 답일 때가 많다.

아이의 물리적 나이보다 엄마와의 시간 나이가 중요하다. 대부분 엄마들은 이 사실을 미처 깨닫지 못한다. 오해하지 말아야 할 것은 일하는 엄마라고 해서 시간 나이가 부족한 것은 아니다. 물리적으로 넉넉하지 못해도 아이가 엄마의 사랑을 충분히 느낄 수 있는 시간을 보낸다면 짧은 시간들이 모여도 괜찮다.

오은영 선생은 "직장 다니는 엄마들은 하루에 30분만 충분히 아이와 보내도 하루가 다 충족돼요."라고 말한다. 온전히 아이에게 집중하는 짧은 시간이 서너 시간 함께하면서 딴 생각하는 것보다 훨씬 의미가 있다.

아이 넷을 둔 다둥이 엄마 김지선 씨네 아이들은 엄마를 너무나무 좋아한다. 아이들이 엄마를 좋아한다는 것은 옆 사람 눈에도 훤히 보인다. 방송 일을 하는 엄마지만 아이들과 충분히 사랑을 나눴기 때문이다. 아이들과 까르르 웃으며 장난치는 모습에서 엄마가 아이들에게 사랑과 행복을 충분히 전하고 느끼게 한다는 것을 알 수 있다. 아이를 행복하게 하는 것도 엄마, 불행하게 하는 것도 엄마다.

아 이 를 지 켜 주 는
엄마의 안심말

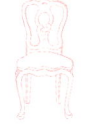

〈수현 생각〉

　　엄마가 함께하기 힘들 때는 조력자가 엄마를 대신할 수 있다. 그것도 고마운 일이다. 상황이 허락한다면 주위에 도움을 청하는 게 맞다. 나는 그 역할을 친정엄마가 해주셨다. 엄마는 아이들을 나 못지않게 사랑하며 키우셨다. 가예랑 가윤이는 외할머니와 시간을 많이 보냈다.

　　꽃을 좋아하는 친정엄마는 아이들을 꽃시장에도 데려가고, 문방구에도 데려간다. 아이들이 좋아하는 것도 해주고, 다양한 경험을 시켜준다. 요즘 가예는 외할머니와 모란시장에 갈 날을 기다리고 있다. 재래시장에 같이 가기로 한 약속 때문이다.

　　사랑받는다는 느낌은 중요하다. 자신이 사랑받고 있다는 느낌, 어떤 상황에 처해도 보호해주고 사랑해주는 사람이 있다는 느낌이 아이를 움츠러들지 않고 자라게 한다.

 가예에게

가예에게 가끔 편지를 써서 일기장 사이에 끼워 넣곤 한다.

가예야.

엄마는 가예가 있어 항상 든든하고 행복하단다. 자랑스러운 우리 딸이 있어, 네 동생이 둘이나 생길수 있었다는것을 알고 있니? 엄마를 속상하게 하는 일이 없는것 뿐만 아니라 늘 깔깔대고 웃고, 환한 얼굴을 보여줘서 엄마는 더 건강해졌단다. 그래서 너 같은 아이를 또 낳고 싶어졌고, 가윤이나 승우는 그렇게 태어난 것이란다. 엄마를 위해주는 널 너무 사랑하지만 제일 우선은 '너' 란다. 네 스스로 네가 제일 하고싶은일, 네가 제일 행복한 일, 네가 제일 즐거운 일을 생각하고. 정말 욕심나는 일은 엄마나, 다른 누구때문이 포기해서는 안된단다. 엄마 아빠는 항상 네가 첫번째 이고, 널 믿는단다. 네가 남에게 피해를 주지 않고, 늘 배려하고, 양보에 익숙한 모습은 - 앞으로 살아가면서도 누구든 널 닮고싶은 아름다운 사람으로 기억될거야. 항상 행복하고 엄마하고 더 사랑하자! 힘든일이 있으면 꼭! 엄마한테 얘기하기! 약속~

- 엄마가 -

가예야

　엄마는 가예가 있어 항상 든든하고 행복하단다. 자랑스러운 우리 딸이 있어 네 동생이 둘이나 생길 수 있었다는 것을 알고 있니? 엄마를 속상하게 하는 일이 없는 것뿐만 아니라 늘 깔깔대고 웃고 환한 얼굴을 보여줘서 엄마는 더 건강해졌단다. 그래서 너 같은 아이를 또 낳고 싶어졌고 가윤이나 승우는 그렇게 태어난 것이란다. 엄마를 위해주는 널 정말 사랑하지만 제일 우선은 '너 자신'이란다. 네가 스스로 제일 하고 싶은 일, 네가 제일 행복한 일, 네가 제일 즐거운 일을 생각하고, 정말 욕심나는 일이 생겼을 때는 엄마나 다른 누군가 때문에 포기해서는 안 된단다. 엄마 아빠는 항상 네가 첫 번째이고, 널 믿는단다. 네가 남에게 피해를 주지 않고, 늘 배려하고, 양보에 익숙한 모습은— 앞으로 살아가면서도 누구든 널 닮고 싶은 아름다운 사람으로 기억하게 할 거야. 항상 행복하고 엄마하고 더 사랑하자! 힘든 일이 있으면 꼭! 엄마한테 얘기하기! 약속~

엄마가

03

세상에서 가장 편안한 곳이 집이야

저녁 식탁 앞에서 가예의 입이 삐죽 나와 있다. 다른 자리에서라면 몰라도 식사 자리에서 불만 가득한 표정으로 앉아 있는 건 여러 사람을 불편하게 한다.

"가예야, 그러지마. 기분 좋게 먹어야지, 그렇게 식탁에서 입 내밀고 있으면 복 나가."

늘 하는 잔소리라고 생각했는지 가예의 표정은 좀처럼 풀리지 않는다.

"너한테 일어날 수 있는 가장 안 좋은 일은 뭐야?"

아 이 를 지 켜 주 는
엄마의 안심말

"말하기 싫어."

가예는 대답하지 않는다. 하지만 아이 머릿속에 어떤 생각이 떠올랐을지는 짐작할 수 있다.

"복 나가는 건 그거라고 생각하면 돼."

아이들이 자기 인생에서 일어날 수 있는 가장 힘든 일은 엄마가 없어지는 것이다. 가예는 그걸 입 밖으로 내뱉기가 싫은 거다.

"그런 일이 일어날 수도 있는 게 복 나가는 거야."

가예는 복 나간다는 말이 꺼림칙했는지 엉뚱한 대답을 한다.

"상추가 싫어서."

"상추가? 상추가 왜 싫어?"

"맛이 없는데 엄마가 자꾸 먹으라고 하니까 정말 싫어."

많고 많은 이유 중에 상추 탓이라니.

"알았어. 너무 강요하지는 않을게. 하지만 이렇게 네 마음을 얘기해줘. 입만 툭 내밀고 있지 말고, 뭐든 엄마한테 말해."

그러고는 늘 내 마음속에 있던 말을 또 한 번 했다.

"엄마는 너희한테 집이 가장 편안한 곳이면 좋겠어."

❝ 〈부모〉 프로그램을 함께 진행했던 김범수 아나운서는 서울대를 나왔다. 집안이 크게 어려워졌을 때 '엄마를 기쁘게 해드려

야지' 하는 마음에 공부를 열심히 했다고 한다. 목표는 오로지 하나, 엄마를 기쁘게 해드려야겠다는 생각뿐이었단다.

그 말을 듣고 내 어린 시절도 떠올랐다. 엄마를 기쁘게 해드리고 싶었던 나는 공부 대신 집안일을 열심히 도왔다. 여섯 살 때부터 싱크대 앞에 의자를 놓고 설거지를 한 기억이 있다. 청소도 해놓고 집안 구석구석 정리도 잘했다.

어렸을 때 엄마가 많이 편찮으셨다. 그래서 나는 집을 떠올리면 늘 불안했다. 학교에서 친구들과 즐겁게 놀다가도 집으로 가는 길엔 언제나 가슴이 콩닥거렸다. '엄마가 혹시 돌아가셨으면 어떡하지?' 하는 불안감을 잔뜩 안고 문을 열었다. 문을 여는 그 순간이 제일 두려웠다. 현진건의 소설 《운수좋은 날》의 인력거꾼처럼, 문을 열었을 때 엄마가 죽어 있을까 봐. 그게 어린 나에게는 가장 큰 공포였다.

그래서 나는 아프지 않으려고 건강을 스스로 챙긴다. 운동도 열심히 한다. 최소한 아이들에게 그런 불안감을 주고 싶지 않다. 엄마 때문에 불안하고 걱정되는 마음을 안겨주고 싶지는 않다. 남편에게도 마찬가지다. 집이 편안해야 남자도 빨리 들어오고 싶을 게 아닌가.

나는 집이라는 곳은 생각만 해도 편안하고 행복한 곳이기를 바란다. 밖에서 지쳤을 때도 집을 떠올리면 빨리 들어가고 싶고, 쉬고 싶은 곳이어야지, 숨이 막힐 것 같거나 걱정스러우면 안 되지 않은가.

아 이 를   지 켜 주 는
엄마의 안심말

"가예야, 그러지마. 기분 좋게 먹어야지, 그렇게 식탁에서 입 내밀고 있으면 복 나가."

"상추가 싫어서."

"상추가? 상추가 왜 싫어?"

"맛이 없는데 엄마가 자꾸 먹으라고 하니까 정말 싫어."

"알았어. 너무 강요하지는 않을게. 하지만 이렇게 네 마음을 얘기해줘. 입만 툭 내밀고 있지 말고, 뭐든 엄마한테 말해."

〈가예 이야기〉

가예가 내 생일 선물이라며 예쁜 귀걸이를 사줬다. 자기가 가진 돈을 다 털어서 거금을 들여 산 것이다. 나는 음력으로 생일을 챙기는데, 가예가 웬일로 양력 생일날 선물을 줬다.

"엄마, 내가 이거 정말 주고 싶어서, 할머니한테 백화점 가자고 졸랐어. 그래서 할머니랑 같이 백화점 가서 사왔는데, 너무 주고 싶어서 엄마 생일까지 못 기다리겠어."

"고마워, 정말 좋은 날 할게."

아이가 잠든 뒤에도 나는 그 상자를 한참 들여다봤다. 너무나 고마웠고, 고마움 이상의 뜨거움이 느껴졌다.

며칠 후 부산으로 촬영을 가는 날, 제일 먼저 그 귀걸이를 챙겼다. 어쩐지 이 귀걸이가 나를 지켜줄 것 같다는 생각이 들었다. 가예가 준 그 선물이 수호신처럼 느껴졌다. 세상에서 내가 가장 편안하고 포근하게 느끼는 내 가정, 내 가족, 그곳을 상징하는 징표처럼 느껴졌다.

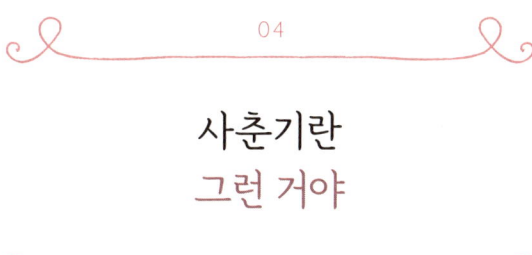

사춘기란
그런 거야

"엄마, 가슴이 아파."

올 것이 왔다. 가예한테 2차 성징이 나타나고 있다. 가슴에 멍울이 생겨서 아프다고 한다. 그런데 하필 요리학원에서 마지막 테스트를 보기 전날, 그 말을 꺼냈다. 시험 준비로 잠도 제대로 못 자 스트레스가 이만저만이 아니었다. 도저히 아이를 봐줄 여유가 없었다. 그때 나는 고작 이렇게 말해줬다.

"그래, 가서 목욕해. 목욕하면 괜찮아."

다음 날 시험을 치르고 나서야 그 생각이 떠올라 정말 미안했다.

'우리 엄마는 나한테 어떻게 말해줬지?' 하고 기억을 더듬어봤다. 엄마는 "멍울이 생겼나?" 하면서 대뜸 내 가슴을 만져봤다. 어린 나이였지만 뭔가 당혹스러웠던 기억이 아직까지도 희미하게 남아 있다.

가예가 놀라지 않게, 어떻게 말해주면 좋을까? 온종일 고민을 했다. 어떻게 접근해야 아이가 충격 받지 않고 자연스럽게 여길까. 답이 쉽게 떠오르지 않았다.

저녁에 퇴근한 남편한테 물었다.

"가예가 가슴이 아프대. 멍울이 생겼나 봐. 그런데 뭐라고 말하면 좋을까?"

"잘 설명해줘야지."

하긴 엄마도 모르는데 아빠가 잘 알 리가 없지. 그래서 좀 더 고민을 했다. 한 삼사일 고민하면 '아 이렇게 하면 되겠구나.' 하는 순간이 찾아온다. 섣불리 대처하지 않고 신중하게 답을 찾은 다음에 말해주려고 한다.

내 마음은 벌써 가예한테 이야기하고 있다.

"가예야, 사춘기란 그런 거야. 변화의 시기. 그래서 스스로도 혼란스러운 시간. 하지만 통과하고 나면 근사한 순간이 된단다."

아 이 를 지 켜 주 는
엄마의 안심말

영화 〈우아한 거짓말〉을 보면서 가슴이 너무 아렸다. 오래 전 기억들이 떠올랐다. 주인공 아이가 꼭 사춘기의 내 모습 같았다.

누가 봐도 나는 너무 밝은 아이였다. 하지만 중학교 1학년 때 내 머릿속에 '죽음'이라는 단어가 떠나지 않았다. 특별한 이유도 없었다. 엄마가 너무 속상해할까 봐 말은 안 했지만, 나는 꽤 힘들었다.

"내 유전자 어디 안 갔어. 애들도 그럴 수 있어. 그러니까 당신이 좀 대비를 해. 내가 좀 독하게 굴면 당신이 다독여줘야 돼."

대부분의 엄마들이 아이가 어렸을 때부터 '사춘기'라는 단어를 어렵게 느끼고 걱정스러워한다. 여자아이는 물론 남자아이를 둔 부모는 더 두려워한다. 엄마가 겪어보지 못한 세계니까. 역으로 남편에게는 여자아이의 사춘기가 낯설 것이다. 그래서 나는 일찍부터 남편에게 틈틈이 딸의 사춘기를 맞을 준비를 시켰다.

"여자아이들이란 감정이 왔다 갔다 하기 때문에 당신이 공부를 좀 해야 될 거야."

"무슨 공부를?"

"가예가 좀 달라졌어. 사춘기 시작이니까 감정을 잘 살펴야 해. 건드리면 더 속상해지고, 이유 없이 슬퍼진다고."

남편은 여자를 이해하려고 노력해본 적도 없는 사람이다. 결혼 초에도 무심한 남편 때문에 정말 서러웠던 적이 많다. 백화점에서 쇼핑을 하다가도 내가 잔소리 좀 하면 "너 그만 집에 가라." 하고 말한다. 그리고 진짜 들여보냈다. 사람들 많은 장소에서 자존심이 얼마나 상했는지 모른다. 여자에 대한 연구를 한 번도 해보지 않은 남자다.

"나를 이해하라는 게 아니야. 딸을 이해하려면 여자를 알아야 돼."

미리미리 그런 얘기를 해왔고, 이제 정말 가예가 사춘기를 맞고 있다.

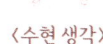

〈수현 생각〉

    성교육을 할 때 나는 비교적 솔직하게 말하는 편이다. 가예가 아주 어렸을 때부터 굉장히 자세하게 이야기를 해줬다. "손만 잡고 잠만 잤는데 애기가 생기는 거야." 하는 식으로 두루뭉술하게 말하지 않았다.
    아이들이 궁금해하기 전부터 성교육 관련 동화책을 읽어줬다. 어떤 책에는 정자들의 수영대회를 통해 흥미 있게 이야기를 전한다. 수영대회에서 1등을 한 정자는 엄마 난자와 만난다. 일억 마리가 출발하는데, 결국 1등 한 아이가 메달을 받는다. 정자들이 헤엄쳐가야 할 지도가 나와 있다. 아빠 몸과 엄마 몸. 정자들은 아빠 고추로 나와서 엄마 몸 안으로 들어가서 "이 지도를 따라가면 우리는 1등 할 수 있는 거야."라고 한다.
    이와 관련해서 상세하게 이야기도 해줬다. 그런데 어느 날 가예가 말했다.
    "엄마, 엄마가 너무 자세하게 얘기를 해주니까 더 궁금해지는데?"
    충격이었다. 내가 너무 많이 알려줬나? 하지만 감추는 것보다 말하는 것이 더 좋은 방법이라는 믿음에는 변함이 없다.

05

엄마 아빠는
헤어지지 않아

"엄마, 우리 반에 어떤 애가 전학 왔어."

학교에서 돌아온 가윤이가 여느 때처럼 재잘재잘 이야기를 한다.

"그런데 걔네 엄마 아빠 이혼했대."

처음 듣는 이야기는 아니다. 이혼율이 높은 요즘, 어린아이들에게도 이혼은 낯선 단어가 아니다. 친구들 중에도 부모가 이혼한 가정의 아이들이 있고, 엄마나 아빠 한 쪽하고만 사는 아이들이 있다.

그러나 이 말 속에서 아이의 관심이 어디에 있는지 읽을 수 있다. 아이들은 친구의 가정사가 궁금한 게 아니다. 어른들처럼 호기심이 가득한 채 화제에 올리는 것도 아니다. 아이들에게는 다른 의미가 담겨 있다.

'우리 엄마 아빠도 그렇게 헤어지면 어떡하지?'

바로 이 불안감이 깔려 있다. 아이의 불안을 해소해주는 것이 부모의 역할이다.

프로그램 하나가 끝나던 날 회식이 있었다. 홍대 앞에서 출연자들과 제작진이 만나기로 했다. 아무래도 집에 늦게 들어갈 것 같아서 미리 남편에게 말했더니 불만스런 답이 돌아왔다.

"너 그렇게 피곤한데 무슨 홍대까지 가려고 그래."

하루에 8시간씩 요리학교에 다니고 있을 때였다. 요리만 하고 와도 지쳐서 힘들어하던 내 모습을 봐왔던 남편은 어이가 없다는 듯이 말했다. 사실 피곤하지만 그래도 이건 다른데.

"회식이잖아. 좀 피곤하지만 가야지."

"너 제정신이야? 내일 아침에도 또 나갈 텐데 언제 쉬려고 그래."

이쯤 되자 나도 화가 치밀었다.

"나도 내 사회생활이 있다고. 그런데 그걸 왜 방해하려고 해? 내가 알아서 할게!"

내가 버럭 소리를 지르자 가윤이가 벌떡 일어나 내 옆으로 왔다. 눈에 눈물이 그렁그렁한 채. 놀랐나 보다. 나는 서둘러 가윤이를 안심시키기 위해 말했다.

"가윤아, 괜찮아. 엄마 아빠 헤어지는 거 아니야. 절대."

> 내가 다섯 살 또는 여섯 살 때였다. 엄마가 나를 번쩍 들어 안았다. 그리고 아빠한테 소리쳤다.

"난 수현이랑 갈 테니까 당신은 쟤들이랑 살아."

그 일이 너무 선명하게, 충격적으로 머릿속에 남아 있다. 엄마 아빠의 흔한 부부싸움이었고, 엄마도 충동적으로 한 행동이지만 나에게는 평생 기억으로 남아 있다. 엄마 아빠가 헤어질 수도 있다는 불안, 우리 형제가 이렇게 흩어질 수도 있다는 공포. 그 사건 이후 나는 늦게까지 밤에 오줌을 싸며 불안이 많은 아이가 되었다.

대개의 아이들은 부모가 헤어질까 하는 불안감과 공부에 대한 부담으로 인한 스트레스가 크다. 나는 적어도 이 두 가지만큼은 아이들에게 주고 싶지 않다. 그럼에도 가끔은 남편과 싸울 때가 있다. 순간순간 속상한 일들을 꾹꾹 참는 타입인 나는 한 번씩 폭발한다. 대략 삼 년에 한 번꼴? 그때는 치열하게 싸운다. 많은 아이들이 그렇듯이 가윤이도 집안 분위기가 험해지는 모습을 참지 못한다. 사시나무 떨 듯 몸을 떨면서 불안감을 드러낸다.

그래서 부부싸움이 끝나면 꼭 아이들에게 이야기한다. 엄마 아빠가 왜 싸웠는지, 그리고 이 싸움 때문에 헤어지는 일은 없다는 것까지.

"이런 일로 엄마와 아빠가 헤어지는 일은 절대로 없을 거야."

가윤이에게는 더더욱 말해줘야 한다. 아이를 안심시켜야 하기

아이를 지켜주는
엄마의 안심말

때문이다.

"엄마랑 아빠랑 너무너무 사랑하지만, 엄마가 화내는 단계를 잘 조절하지 못해서 버럭한 거야. 그래서 내가 너희한테 단계별로 화내라는 거야. 엄마도 그러면 좋을 텐데 잘 안 되네."

이렇게 설명해주면 가윤이는 진정하고 받아들인다.

부모가 싸운 이유를 아이들에게 설명해주는 게 좋다. 가예한테는 좀 더 상세하게 상황 설명을 해준다. 부부 사이에 어떤 문제가 발단이 되어 다투게 되었는지, 엄마는 무엇에 상처받았고 아빠는 무엇에 화가 난 것인지 논리적으로 말해준다. 그러면 아이들은 이해한다. 정확히 이해를 못하는 가윤이나 승우조차 그런 설명을 들으면 안심한다. 엄마가 말로 풀어낼 정도라면 위기 상황이 아니라는 것을 아이들은 본능적으로 감지하는 것이다.

우리 부부의 원칙은 아이들보다 부부가 먼저라는 것. 남편은 내가, 나도 남편이 아이들보다 우선이다. 부부 사이가 좋아야 아이들이 훨씬 더 밝고 마음이 안정된다는 사실을 잘 안다. 아이들에게 '엄마 아빠 또 싸우면 어떡하지?' 하는 불안은 더 이상 안겨주지 않으려고 노력한다.

살다 보면 싸울 수도 있고 화를 낼 수도 있다. 하지만 그 모든 감정이 아이들에게도 전해진다는 것을 알아야 한다. 그래서 부모 노릇이 힘들다는 게 아닐까.

<가윤 이야기>

〈빅스타 리틀스타〉 프로그램에서 아이들한테 질문을 던졌다. 가윤이 차례였다.

"엄마가 아빠한테 '사랑해'라고 했을 때 가윤이의 생각은? 1번 징그럽다, 2번 소름 돋는다, 3번 기분 좋다, 4번 웩, 5번 싫다."

가윤이는 뭐라고 답했을까?

"웩! 4번이요."

그 방송 보고 정말 웃었다. 가윤아, 그동안 그렇게 생각했어?

우리는 평소에 아이들보다 부부가 1순위다. 많은 가정에서 아이들을 1순위로 생각한다. 그런데 우리 부부는 서로가 1번이다. 아이들도 그것을 당연하게 여긴다. 물론 미울 땐 순위가 밀리기도 하지만.

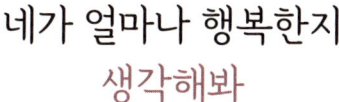

네가 얼마나 행복한지
생각해봐

"할머니, 우리 어제 쇼핑했어요. 엄마가 옷 사줬어요."
시댁에 갔을 때 가예가 어머님 앞에서 자랑을 했다.
"그래? 예쁘네. 어디 갔었어?"
"고속터미널이요."
가예의 말에 어머님은 조금 놀라는 기색이다. 당연히 백화점에 간 줄 아셨던가 보다. 어린아이들 중에도 브랜드를 따지는 아이들이 있지만, 우리 아이들은 그런 걸 잘 모른다. 모르니 부러워하지도 않는다. 할인매장이나 터미널 지하상가에 가서 옷을 사 입어도 행복해한다.

　한동안은 내가 옷 만드는 취미에 푹 빠져 아이들 옷을 거의 다 만들어 입혔다. 그래서인가? 엄마가 만든 옷만 입다가 사서 입으니 그것만으로도 신나는지도 모르겠다.

　유행에 민감하지도 않다. 워낙 사주는 경우가 드물어 작은 것 하나에도 만족하는 편이다. 휴대전화만 해도 알뜰폰으로 사줘도 갖고 싶었던 하얀색이라는 이유로 기뻐했다. 나는 종종 아이들에게 말한다.

　"가예야, 너는 많이 받고 태어났어. 네가 얼마나 행복한지 하나하나 따져봐."

　나는 아이와 함께 우리를 둘러싼 감사한 일에 대해 하나하나 손가락으로 꼽아본다.

　"엄마가 너한테 화도 잘 내지 않지, 또 얼마나 널 재밌게 해주니? 날마다 재미있게 놀아주지. 공부하라고 잔소리도 하지 않지. 심지어 넌 얼마나 예쁘게 태어났어? 키도 크고 다리도 길고. 엄마만큼 사랑해주시는 할머니도 계시지…."

　하나하나 꼽아보니 한두 가지가 아니다. 끝없이 이어진다.

　"그렇게 다 가진 사람은 어떻게 해야 되니? 나눠야 되지? 나누면서 사는 거야."

　어렸을 때부터 이런 이야기를 자주 했다.

　'세상은 공평하지만은 않아서 모든 사람이 혜택 받고 사는 건 아니야. 많이 가진 사람이 있는가 하면 그렇지 못한 사람도 있어. 많이

아이를 지켜주는
엄마의 안심말

가진 사람은 그만큼 세상과 나눠야 한단다. 그것이 물질이든 재능이든 마음이든.'

가랑비처럼 조금씩 조금씩 아이들 마음에 스며들도록 나는 행복한 순간에 꼭 감사와 나눔의 중요성을 알린다.

언니는 화상 환자를 후원하는 베스티안 화상후원재단 대표로 있다. 재단에서 하는 후원행사에 자주 가는데, 그때마다 아이들을 데려간다. 그리고 행사의 취지를 설명해준다.

"행사를 통해 돈을 마련해서 어려운 사람을 돕는 거야."

그리고 아이들 이름으로 기부도 한다. 아이들은 설명을 듣고 자기 손으로 후원 신청서도 써보면서 기부에 대해 알게 된다.

사회적 책임이라는 거창한 의미를 떠나서 돈을 쓰는 방법 중 하나를 배우는 것이다. 일상에서의 이런 배움이 무척 의미 있다고 생각한다. 먹고 싶고 갖고 싶은 것을 위해서도 돈을 쓰지만 때로는 내가 아닌 타인을 위해 돈을 쓰는 즐거움을 자연스럽게 알게 한다.

평소 알뜰한 나의 생활습관을 보며 아이들도 절약이 몸에 배어 있다. 나는 방송 때문에 옷을 자주 사긴 해도 대부분 인터넷을 통해 구입하는 등 사치와는 거리가 멀게 산다. 물론 신상, 명품, 비싼 가방이 좋아 보이고 갖고 싶을 때도 있다. 그때마다 '들면 또 뭐 하나'

하는 생각이 들면서 금세 갖고 싶던 욕구가 사라진다.

　아이들은 말보다 생활에서 더 많은 것을 배운다. 말로는 "아껴 써."라고 가르치며 정작 엄마의 생활이 그렇지 않다면 아이들이 절약을 배우긴 힘들다. 엄마는 늘 박탈감으로 괴로워하면서 아이한테 만족감을 가르칠 수 없다. 삶에 비관적인 태도를 갖고 살면서 아이들에게 삶을 즐기라고 말하기 힘들다. 아니, 말할 수는 있지만 제대로 전달할 수는 없다.

　누구의 인생에나 결핍은 있지만, 역시 누구의 인생에나 스스로 행복을 찾을 수도 있다. 그것을 늘 확인하며 느끼는 것이 중요하지 않을까? 아이들에게도 자신이 가진 것, 누리고 있는 것, 그것에 행복할 줄 아는 습관을 들여주면 좋겠다. 행복은 습관이니까.

아 이 를 지 켜 주 는
엄마의 안심말

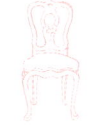

〈수현 생각〉

    물건을 살 때 우리 집만의 원칙이 있다. 지난번에 비슷한 게 있었는데 그걸 잘 안 썼다면, 다음번에 또 사는 일은 없다. 있는 것을 최대한 활용하고, 그다음에 다른 것을 사기. 그런 것이 몸에 배다 보니, 이제 가예가 동생들을 가르친다.
    한번은 승우가 마트에서 장난감을 사고 싶어 했다.
    "이승우, 네가 전에 산 것도 제대로 갖고 놀지 않았는데 엄마가 또 사 주겠냐? 그걸 다 가지고 놀아야 엄마가 새로운 걸 사주시지." 뭘 사주든지 그걸 충분히 활용해야 다음이 있다는 걸 가예는 잘 알고 있다. 가윤이는 조금, 승우는 아직 배우는 중이다.

07

"싫어요, 안 돼요, 도와주세요."라고 말해

가윤이와 승우를 데리고 놀이터에 갔을 때였다. 승우가 목이 마르다고 해서 차에 데려가는 동안 가윤이를 혼자 뒀는데, 잠시 후 돌아와보니 어떤 아저씨가 가윤이 셔츠의 단추를 잠가주고 있는 게 아닌가. 심지어 그 아저씨는 자기 다리 사이에 아이를 세워놓고 있었다. 가윤이는 그날 칼라가 있는 폴로 스타일 원피스를 입고 있었는데, 더워서 단추를 몇 개 풀고 있었나 보다. 깜짝 놀라서 가윤이를 데려왔다. 가윤이가 귀여워서 단추를 채워줬다고 하지만 순간 소름이 끼쳤다.

아이를 지켜주는
엄마의 안심말

차로 데리고 와서 가윤이한테 크게 화를 냈다.

"가윤아, 저 아저씨가 나쁜 사람은 아니지만, 나쁜 사람이 될 수도 있어. 그러면 네가 지금 엄마랑 이렇게 함께하지 못할 수도 있다고. 착한 마음으로 '단추를 잠가줘야지.' 했는데, 갑자기 나쁜 마음이 생겨서 너를 데려갈 수도 있어. 그러면 네 몸에 큰 상처를 줄 수도 있는 거야."

가윤이는 놀라서 눈물이 그렁그렁했지만 나는 똑똑히 말해줘야겠다고 생각했다.

"가윤아, 네가 정말 그 아저씨한테 표현하기 힘들 때는 '괜찮아요, 엄마한테 해달라고 할게요.' 하면 돼. '괜찮아요, 제가 혼자 할 수 있어요.', '괜찮아요, 저기 엄마가 기다리세요.' 이 말을 잊어버리지 말고 꼭 기억해."

그날 받은 충격이 너무 커서 가예와 가윤이한테 한동안 지속적으로 강조했다. 세상이 흉흉하다 보니 아이들한테도 낯선 사람을 조심하라는 교육을 안 할 수가 없다. 나는 그런 부분은 굉장히 솔직하게 말해준다.

"남자들은 갑자기 나쁜 생각이 들어서 네 몸을 막 만지고 싶어 할 수도 있어. 그럴 때는 꼭 '싫어요, 엄마한테 갈래요.' 하고 말해야 돼. 꼭."

"누가 네 몸을 만진다거나 네 손을 만진다거나 얼굴을 만진다거나 할 때는 '싫어요, 안 돼요.' 하는 표현을 확실하게 해야 돼."

가윤이는 생글생글 잘 웃고 사랑받는 것에 익숙해서 경계해야 할 순간을 잘 모른다. 길 가다 아줌마 아저씨들이 예쁘다고 쓰다듬고 안아줘도 싫어하지 않는다. 그래서 특별히 더 조심시켜야 한다. 사춘기가 되는 가예한테도 특별히 강조를 한다.

흔히들 귀신이 제일 무섭다고 한다. 나도 어려서부터 겁이 정말 많아서 귀신을 그렇게 무서워했다. 고등학교 때 우리 집이 8층이었는데 밤에 엘리베이터만 타면 거울이 무서워서 거울 쪽은 쳐다보지도 못하고 기도하면서 올라갔던 기억이 있다. 귀신을 무서워하지 않게 된 건 사람이 무섭다고 느끼면서부터였다. 이제는 엘리베이터의 거울보다 엘리베이터에 같이 탄 사람을 무서워하게 되었다.

"가예야, 세상에서 제일 무서운 건 사람이야."

이런 말을 해줘야 하는 현실이 슬프지만, 어쩔 수 없다. 아이들도 현실을 살아가야 한다. 최대한 자신을 방어할 수 있도록 가르쳐야 한다.

"싫어요, 안 돼요, 도와주세요."

위험한 순간에 이렇게 외치라는 책이 있다. 서점에서 있었던 독서이벤트에서 선생님이 아이들과 함께 읽어줬던 책이라 더욱 뇌리에 깊이 남아있다. 중요한 것은 입 밖으로 말하는 것이라고 했다.

아이를 지켜주는
엄마의 안심말

"싫어요, 안 돼요, 도와주세요."라는 말을 아이들이 머리로는 다 알고 있어도, 막상 상황이 닥치면 당황해서 입 밖으로 나오지 않는다는 것이다. 그래서 아이들과 여러 번 반복해 외치며 입에 익숙해지도록 했다. 그 이후 우리 아이들도 몇 번씩 외치며 연습해봤다.

연쇄살인범 강호순 사건 때는 강아지를 안은 강호순 사진이 대문짝만하게 나온 것을 가예에게 보여줬다.

"가예야, 이 사람 어때 보여? 착해 보여, 못돼 보여?"

"착해 보여."

"착해 보이는 이 사람이 정말 나쁜 짓을 해서 여자를 일곱 명이나 죽였어."

나는 아주 무시무시하게 이야기를 해줬다. 그때 유치원생밖에 안 된 가예는 굉장히 충격을 받았을 것이다. 하지만 나는 그 정도의 충격은 괜찮다고 생각했다. 그렇게 강하게 각인될 필요가 있다. 반사적으로라도 위험한 상황에서 자신을 방어할 수 있도록.

사람을 얼굴로 판단해서는 안 되고, 특히 어른들은 착해 보인다고 착한 사람이 절대 아니라고 말해줬다. 목소리가 좋다고 착한 사람이라고 판단해서도 절대 안 되고, 친절하다고 해서 부탁을 들어줘서도 절대 안 된다는 것도 강조했다.

실제 상황을 대입해 아이들에게 대비시키기도 했다.

"'우리 강아지가 아픈데, 네가 와서 돌봐주면 우리 강아지가 나을 거 같애.'라고 말하는 사람이 있으면 쫓아가야 돼 말아야 돼? 절대 안 되는 거야!"

요즘은 승우한테도 반복해서 연습시킨다.

"'어머, 너 파워레인저 갖고 있구나. 아저씨는 새로운 파워레인저 샀는데 아저씨네 집에 가서 한번 보여줄까?' 그러면 어떡할 거야?"

"안 갈래요!"

"'아, 맞다, 그런데 우리 집에 강아지도 있는데 그 강아지가 너를 보면 참 좋아할 거야.' 같이 가자."

"안 갈래요. 엄마한테 가야 돼요."

"잘했어, 승우야. 진짜 이렇게 말해야 돼!"

〈수현생각〉

막내인데다 아직 어린 승우는 불쑥 엄마 가슴에 손을 넣을 때가 많다. 그럴 때도 나는 꼭 말해준다.

"승우야, 여자를 함부로 만지면 안 돼. 네가 만지고 싶다고 해서 억지로 만지면 안 되고, 싫다고 하는데 만지면 감옥 가는 거야."

아이가 알아듣던 그렇지 못하던 그 말을 귀에 딱지가 앉도록 해야겠다는 생각이다. 남자들은 정말 이상하지 않은가? 데이트를 하다가 여자가 싫어서 싫다고 해도 남자들은 그게 좋으면서 싫다고 하는 걸로 오해한다. 잘못된 정보를 서로서로 주고받으며 자라서 그런 것이다.

"승우야, 싫다고 하는 건 정말로 싫어서 싫다고 하는 거니까, 그 말 들어야 돼. 여자를 지켜주고 아껴줘야 해."

이런 이야기는 어릴 때부터 가르친다. 구성애 선생이 항상 말씀하시지 않던가. 성범죄는 대개 아들을 잘 키우지 않아서 생기는 거라고. 나영이 사건 이후에 구성애 선생의 TV 강연을 자세히 보고 그대로 아들한테 교육하려고 노력을 많이 했다.

성범죄와 관련해서는 피해를 입지 않는 교육이 물론 중요하다. 하지만 가해자가 되지 않도록 교육하는 것도 그 못지않게 중요하다. 그러니 아들은 아들대로 철저히 가르쳐야 한다.

아이와 함께 자라는
엄마의 지혜말

01
할아버지 댁에
장난감 보러 갈까?

"아이들은 하루 평균 오십 번은 싸운다고 하는데 아이가 내 눈앞에 보이는 건 하루에 열 번이 안 넘잖아요. 엄마가 아무리 아이들한테 하고 싶은 말이 있어도 평균 열 번 중에 여덟 번은 참고 두 개만 얘기하세요."

방송 중에 오은영 선생에게 이 말을 들은 이후 내 육아 원칙이 되었다. 그렇지 않으면 만날 아이들에게 잔소리를 하며 살아야 한다. 잔소리꾼이 되지 않으려면 정말 중요한 것 두 개만 말하라는 말씀을 늘 되뇐다.

〈부모〉라는 프로그램에서 배운 것은 산처럼 많다. 그중에 아주 요긴한 것이 있다.

"아이들이 시댁에 안 가려고 해요. 저만 난처해지는데 어떡해야 하죠?"

어떤 엄마가 속상해하며 던진 질문이다. 많은 엄마들이 같은 고충을 토로했다. 시댁에 자주 가려고 해도 아이들은 재미가 없으니까 안 가려고 한다는 것이다. 내 입장도 크게 다르지 않았다. 아직 말을 못하는 나이의 어린아이들도 할아버지 댁에 가는 것은 차만 타도 알고 울기 시작한다.

아이들이 그렇게 울기 시작하면 남편 표정이 안 좋아진다. 자기 부모님한테 가는데 아이들이 울면서 거부하면 좋을 리 없다. 나도 불편하긴 마찬가지다. 아이들 마음이 어떨지 알기 때문이다.

대부분 아이들한테 할아버지 할머니는 어려운 존재다. 예의는 지켜야 되고 할 말은 별로 없는. 그래서 어려운 숙제처럼 느껴지는 것이다.

오은영 선생은 이런 고충에 대해 명쾌하게 조언했다.

"집에서는 절대 가질 수 없는 장난감을 할아버지 댁에 사다 놓으세요. 그러면 그 장난감은 거기밖에 없기 때문에 그걸 보고 싶은 마음에 울지 않을 거예요."

방송이 끝난 후 선생님은 내게 할아버지 댁에 피아노를 사다놓고 그 집에서만 칠 수 있게 하라고 했다. 피아노는 너무 큰 것 같아서 장난감과 책을 갖다놓았는데 정말 도움이 됐다.

"할아버지 댁에 장난감 보러 갈래? 가예야, 지난번에 놀다 아쉬웠잖아. 그치?"

물론 아이들이 먼저 "할아버지 집에 가요." 하고 나서지는 않지만, 발걸음은 한결 가벼워졌다.

어른은 자기의 잣대로 아이들을 통제하고 제한하려고 한다. 육아 전문가들은 말한다.

"아이들이 10단계까지 가게 두지 마세요."

만약 엄마가 아이한테 제일 많이 화가 나는 순간을 10이라고 잡는다면, 그 단계까지 가도록 상황을 만들지 말라는 것이다. 이를테면 방에서 놀고 있는 아이를 부른다.

"승우야, 이리 와."

뻔히 놀고 있는 모습이 보이는데 꼼짝도 안 한다.

"승우야 이리 와. 승우야 이리 와! 너 엄마가 이리 오라고 했지!!!"

이렇게 씨름하며 화를 내는 상황을 만들지 말라는 것이다.

"승우야 이리와, 해서 승우가 오면 걔가 어린애예요? 그렇게 반복하지 말고 엄마가 가서 데리고 오세요."

순간 머리를 한 대 맞은 것 같은 깨달음이 왔다. 똑같은 포지션에서 말로만 해봐야 상황은 달라지지 않는다. 엄마는 화만 나고, 아이는 엄마 잔소리에 질리기만 하고. 한두 번 말해서 통하지 않으면 그때는 행동으로 보여야 한다. 가서 데리고 오든가, 다른 방법을 제시하든가. 화가 나는 상황까지 몰고 가지 말고 그 전에 상황을 정리하면 된다.

우리 아이들은 항상 식판에 밥을 준다. 집에서까지 식판을 사용하는 것에 대해 안 좋게 보는 사람들도 있다. 그러나 식판을 사용하면 이점이 많다. "더 먹어라.", "왜 안 먹냐?" 하면서 싸울 일이 없어진다. 자기 몫만큼 먹으면 된다. 그렇게 눈으로 보이게 할당해주면 아이들은 오히려 쉽게 받아들인다. "한 숟갈만 더 먹어.", "한 입만!" 하고 말하기보다 훨씬 경제적이다. 이렇게 함으로써 떼를 쓸 여지를 만들지 않는 것이다. 자율성은 다소 떨어지지만 스스로 터득해서 깨닫기에는 아직 무리인 어린 나이에는 어느 정도 틀을 정해주는 것도 도움이 된다. 자기가 해야 할 일, 지켜야 할 선, 그것을 알아가는 것도 무척 중요하다. 자율과 통제는 적절히 보완하며 운영의 묘를 살리는 게 좋다.

가예에게는 컴퓨터를 일주일에 한 시간씩 사용하게 한다. 검색할 것도 생기고 컴퓨터에 익숙해져야 할 나이인 것 같아서 허용하고 있다. 하지만 아직 어린 나이. 가예는 게임을 하며 그 시간을 보내기도 한다.

아 이 와 함 께 자 라 는
엄마의 지혜말

"엄마, 언니가 한 시간 동안 게임만 하고 있어."

나는 지켜보지 않지만 아직 컴퓨터 시간을 허용 받지 못한 가윤이가 언니 옆에 붙어 있다가 나한테 와서 이른다. 자기도 하고 싶다는 말이기도 하다.

그럴 때면 속이 부글부글 끓지만 나는 말하지 않는다. 다만 시간만 체크한다.

"가예야, 몇 분 남았지?"

한 시간이라는 약속은 꼭 지키고, 그 안에서는 스스로 자신을 통제하는 습관을 길러보라는 것이다. 아직 쉽지는 않겠지만, 흔들리기도 하고 다잡기도 하면서 아이도 배워가리라 믿는다.

〈수현 생각〉

    우리 집에는 거실에 휴대전화 놓는 자리가 있다. 집에 들어오면 누구나 그 자리에 휴대전화를 놓아야 한다. 물론 내가 제일 문제다. 전화나 문자가 수시로 오기 때문에 도로 갖다 놓기도 전에 또 다른 문자를 확인하느라 지키지 못할 때가 있다. 그래도 가능하다면 나는 그 원칙을 지키려고 한다.

    집에서도 스마트폰만 들여다보는 아빠, 엄마를 보면서 아이들은 스스로를 통제할 수 있을까? 부모도 못 하는 걸 아이한테 강요하는 것은 통하지 않는다. 게임에 빠진 아이들을 보면 부모 또한 스마트폰을 손에서 놓지 않는 경우가 많다. 아이만 탓할 수 없다. 가르치고 싶은 게 있을 때는 말만으로 안 된다. 행동과 솔선수범, 전략과 전술. 모든 부분에서 답을 찾아야 한다.

02

엄마
커피 마실 시간이야

"진짜 너무 힘들어."

어느 날 친구가 지친 모습으로 말했다. 친구도 아이가 셋인데, 육아에 지친 상태였다. 다크서클이 진하게 드리워져 있었다. 친구는 아이들을 통제하지 못해 힘들어했다. 아이들에게 맞춰주다가 스스로 지쳐버린 것 같았다.

"엄마 엄마 엄마, 하는 소리만 들어도 막 울고 싶어져."

이 친구는 가끔 옷장에 숨는다고 했다. 스트레스를 받아 지쳐 있을 때 아이들이 불러대는 소리가 너무 괴롭다는 것이다. 그래서 듣지 않으려고 옷장 속에 숨는다. 몸집도 자그마해서 옷장에 쏙 들어갈 만하다.

"거기서 삼십 분이나 있다 나왔어. 나 괜찮은 거니?" 그 말을 듣자니 오죽했으면 그랬을까 싶어 마음이 아팠다. 친구의 어깨를 짓누르는 육아 부담이 나한테도 예외가 아니니까. 하지만 나는 탈진하고 싶지 않아서 나를 지키는 방법을 마련했다. 아이들을 사랑하고 함께 있는 시간이 행복하지만 나 혼자만의 시간도 분명히 필요하다. 일단 체력적으로도 필요하다. 그래서 생각한 것이 커피 마시는 시간이다. 그 시간만큼은 온전히 내 것이다. 누구도 나를 건드리지 못한다.

"엄마 책 읽어줘." 하고 다가오다가도 내 한마디에 아이들은 돌아간다.

"엄마 커피 마실 시간이야. 이따 보자."

그 시간만큼은 엄마가 충분히 쉬어야 한다는 걸 아이들은 어렸을 때부터 훈련되어 있다. 그렇게 시간을 보내면 나는 어느새 방전된 몸과 마음이 충전되어 다시 아이들 품으로 돌아갈 힘이 생긴다. 휴대전화만 충전이 필요한 게 아니다. 엄마도 재충전할 시간이 필요하다.

" 엄마가 해주는 게 당연다고? 우리 아이들에게는 그렇지

않다. 나는 꾸준히 표현해왔다. 엄마도 힘들고, 엄마도 쉬어야 한다고. 진짜 너무 힘들어서 턱까지 숨이 차오르면, 카페인과 당, 그리고 휴식이 필요하다. 그 시간을 보내야 그나마 평정심을 되찾고 아이들을 대할 수가 있다.

그래서 '자, 엄마 커피 마시고 있거든' 하면 아이들은 나를 건드리지 않는다. 엄마가 커피를 마시는 동안에는 아이들이 방해하지 않는다.

"엄마 커피 마시는 시간이거든. 커피는 뜨겁고 엄마는 쉬어야 하니까 잠시 엄마를 놔둬."

아이들이 말도 제대로 못 하던 때부터 그건 우리 사이의 약속이 되었다. 화가 자주 나고 짜증이 자주 나는 것도 실은 체력의 문제라고 한다. 몸이 지치니까 짜증이 나고 화도 난다. 짜증이라는 말 자체를 나는 싫어한다. 이 말에는 전염성이 있어서 우리 집에서 금지어에 속한다. 슬프게도 나이가 드니까 금세 몸이 지치고 조금만 힘들어도 참을성이 부족해진다.

"엄마가 나이가 들어서 몸이 쉽게 피곤해져. 그러니까 너희가 기다려줘야 해."

나는 아이들에게 내 몸 상태와 감정 상태에 대해 자주 말한다. 슬픈 날엔 왜 슬펐는지, 누구를 만나 왜 속상했는지 등 내 감정 상태에 대해 설명한다. 아이들은 우리가 생각하는 것보다 훨씬 마음이 넓다. 설명을 하면 이해한다. 진심을 말하면 받아들인다. 그러니 너무 겁낼 필요 없이 엄마의 힘든 모습도 알려야 한다. 그리고 도움을 청하면 어떨까? 커피 마실 시간만이라도 쉴 수 있게 해달라고.

"엄마 커피 마시는 시간이거든. 커피는 뜨겁고 엄마는 쉬어야 하니까 잠시 엄마를 놔둬. 엄마가 나이가 들어서 몸이 쉽게 피곤해져. 그러니까 너희가 기다려줘야 해."

⟨수현 생각⟩

　방송에서 리액션이 좋은 나는 가족들 앞에서도 마찬가지다. 물론 거기에도 한계가 있다. 일정 시간이 지나면 집중력은 떨어진다. 남편은 이미 그것을 알아버려서 한창 신나게 말을 하다가도 나를 보며 혀를 찬다.
　"알았어. 그만할게. 너 지금 안 듣고 있지?"
　반응은 자동으로 나오고 있지만 내 머릿속엔 이미 딴 생각으로 가득하다는 것을 남편은 안다. 내가 한 사람의 말에 집중할 수 있는 시간은 20분이다. 그것은 인간의 뇌가 가진 한계이기도 하다. 모든 것을 받아들일 힘이 떨어질 때, 스스로 차단하는 것이다.
　아이들 앞에서는 때때로 가짜 리액션도 요긴하다. 무반응보다는 훨씬 낫다. 최선은 눈을 맞추며 진심으로 반응하는 것이다. 그러나 집중 가능한 시간은 그리 길지 않다. 그 시간을 충분히 즐긴 뒤 나머지 시간은 엄마의 뇌를 쉬게 하자. 그래야 더 많은 시간을 아이와 의미 있게 보낼 수 있다.

03
용돈 받고 싶으면
직접 말해

〈붕어빵〉에서 상품으로 도서상품권 열 장을 받은 적이 있다. 그걸 받기 위해서 가예는 씨름 시합에 나가서 몸살이 나도록 열심히 했다. 그런데 그걸 짠순이 가예가 아끼고 아껴 이 년 동안 썼다. 책을 무척 좋아해 책 선물 받는 것을 제일 좋아하고, 읽고 싶은 책도 날마다 쌓이지만 돈 쓰는 것은 너무 아까웠나 보다. 가예는 용돈도 아껴 쓴다. 하지만 쓰지도 못하고 용돈이 사라져버린 적도 있다.

가예와 가윤이가 용돈 받는 날은 매달 1일이다. 그런데 용돈을 받지 못하는 달도 있다. 내가 약속을 지키지 않은 게 아니다. 우리 집만의 독특한 '원칙' 때문이다.

"1일에 꼭 말해. 그렇지 않으면 용돈은 못 받는 거야."

한의사인 이경제 선생이 자신의 딸들에게 쓰는 방법이기도 하다.

"자기 권리는 자기 손으로 찾아야지, 거저 주는 일은 없다는 걸 알려야죠."

바로 이런 이유 때문이다. 아이들에게는 대체로 모든 것이 저절로 주어진다. 특히 요즘 아이들은 결핍 없이 생활하니까 자칫하면 내가 노력하지 않아도 당연히 주어지는 것으로 받아들일 수 있다. 세상에 공짜는 없다. 그래서 우리 집에서도 1일에 말을 하면 그때 준다. 별 생각 없이 있다가 날짜를 놓쳐 용돈을 못 받은 경험은 가예, 가윤이 모두 여러 번이다. 습관이 되지 않으니 챙기기가 쉽지 않다. 가윤이는 서러워 울면서 말했다.

"엄마, 내일 1일이니까 용돈 꼭 주세요."

얼마나 안타까웠으면 전날부터 말을 할까. 그래도 원칙은 원칙.

"그래. 이번에는 꼭 받자. 가윤아, 내일 또 말해줘."

어릴 적 버스를 타고 피아노를 배우러 다닌 적이 있다. 하루는 친구와 같이 가게 됐는데 친정엄마가 친구에게 돈을 주었다.

"가다가 맛있는 거 같이 사먹어."

그런데 엄마가 친구에게 준 돈을 내가 다시 뺏어 왔단다.

"너, 우리 엄마가 준 이백 원 도로 줘."

초등학교 1학년 때 일이라 잘 기억나지 않는다. 하지만 나라면 돈이 아까워 충분히 그랬을 만도 해서 수긍한다. 고3 때는 이런 일도 있었다. 힘들게 공부하는 모습이 안쓰러웠던지 아빠가 맛있는 거 사먹고 힘내라며 하루에 만 원씩 주었다. 얼마나 큰돈인가. 고3들은 스트레스가 많아서 학교 앞 분식집이나 패스트푸드점에서 간식도 잘 사먹으니 그 돈을 다 쓸 수도 있었다. 그러나 나는 그러지 않았다. 그 돈을 모아서 그해 겨울에 꼭 갖고 싶었던 스키복을 샀다.

태어나서 큰돈을 처음 쓴 게 그때였다. 얼마나 뿌듯했는지 모른다. 엄마는 "독하다, 너." 하며 어렸을 때부터의 내 이력을 이야기하셨고, 초등학교 일화도 그때 들었다. 가예도 나를 닮았는지 허투루 돈 쓰는 걸 싫어한다. 그런데 남을 위해서 써야 할 때도 있다는 걸 알려주려고 한다. 실은 내가 잘하지 못하기 때문이기도 하다. 종종 방송을 함께하는 이경애 언니를 좋아한다. 언젠가 대기실을 함께 쓰게 되었다. 언니가 도시락을 바리바리 싸들고 와서 펼쳐놓고는 스탭들을 불렀다.

"이리 와, 빨리 앉아 빨리. 뜨거울 때 같이 먹자. 한 숟갈이라도 같이 먹어."

코디, 피디, 작가 할 것 없이 불러 모은 것이다. 그날 하루만이 아니었다. 그 후로도 언니는 항상 넉넉하게 음식을 싸와서 나눠 먹었다. 그 모습에 내 자신이 얼마나 부끄러워지던지. 나는 가끔 음식을 챙겨 갔는데, 내가 먹을 만큼만 조금 가져갔다. '다른 코디까지 내가 왜 챙겨?' 하는 마음이 있었던 것이다. 못난 마음. 나는 왜 진작 저 언니처럼 나누지 못했을까 싶었다. 그다음부터는 뭐라도 싸가는 날이면 다 같이 먹을 수 있게 넉넉하게 싸갔다.

어느 날 경애언니가 말했다.

"복 중에 가장 큰 복은 먹는 걸 나누는 거야."

받기만 하던 막내로 자라서인지 나는 그런 점이 부족했다. 이기적인 마음도 있고, 경계하는 마음도 있고. 가예는 맏이인데도 언제나 받기만 해서 나누는 것에 약하다. 반면 가윤이는 나누는 것에 익숙하다. 다이어트 중이라 점심 대신 먹으려고 싸간 내 바나나까지 대기실에서 다 나눠주는 바람에 내가 쫄딱 굶은 적도 있다.

가윤이는 학교에서도 선생님이 준비물 가지고 올 사람 하면 번쩍 손을 든다. 내가 일하느라 일일이 챙길 시간이 없다는 것을 잘 아는데도 항상 자기가 준비물을 도맡는다. 이럴 때 나보다 더 기막혀 하는 사람이 가예다.

"야, 엄마는 우리 챙기기도 힘든데 그것까지 어떻게 챙겨? 너 학교 준비물 네가 갖고 오겠다는 말 좀 하지 마!"

어쩜 이렇게 다른지. 서로 다르지만 지켜보며 닮아가길 바란다.

〈수현 생각〉

〈주간조선〉에 아빠가 돈을 잘 쓰는 법에 대해 가르치는 밥상머리 교육법이 실린 적이 있다. 가예에게 진지하게 그 이야기를 들려줬다.

"돈을 100만큼 벌었어. 이 돈을 어떻게 써야 잘 쓰는 걸까?"

"다 저금해."

"아니야. 아주 안 쓸 수는 없지. 그중에 50은 생활비에 써. 나머지가 50이지? 그중에 또 절반인 25는 자기 자신을 위해 투자하는 데 써. 그리고 나머지 25는? 남을 위해 써. 모르는 사람을 위해서 기부하는 거야."

기사에는 누구에게 돈이 쓰이는지 알아보려 하지 말고 기부를 하라는 말도 덧붙였다. 남을 위해 쓰는 것, 내가 사는 이 사회를 위해 쓰는 것이 중요하다고. 나에게도 부족했고 지금 가예한테도 부족한 나눔의 마음을 조금씩 키워주고 싶다. 이렇게 끊임없이 이야기하고 경험하게 하면서.

04

우리 같이
책 읽을까?

 가예가 어렸을 때는 책을 정말 많이 읽어줬다. '초보엄마'였던 나로서는 어떻게 놀아줘야 하는지 마땅히 아는 것이 없어서 그저 책을 읽어줬다.

 〈부모〉 방송을 하러 가서 오은영 선생한테 은근히 자랑삼아 말했다.

 "선생님, 가예는 저한테 책만 들고 와요. 애는 정말 책 읽는 걸 좋아하나 봐요."

 오은영 선생은 내 말에 뜻밖의 반응을 보였다.

"엄마가 책만 읽어줬나 보죠. 같이 놀 수 있는 방법이 얼마나 많은데 책만 읽어줬어요?"

정확한 답이었다. 몸으로 놀아주고, 같이 그림도 그려주고, 인형놀이도 하고, 할 수 있는 게 얼마나 많은데. 이 엄마는 다 귀찮으니까 책만 읽어줬구나. 자랑하려다 오히려 혼나고 말았다.

책만 읽어주는 엄마에게 아이가 책을 가져오는 건 당연하다. 엄마랑 같이 시간을 보내고 싶을 때, 아이는 책만 가지고 오는 것이다.

나는 뒤늦게 아이에게 미안해졌다. 매일 생방송을 하는데, 얼굴이 잘 붓기 때문에 아침마다 꼭 운동을 하고 방송국에 갔다. 그렇게 한나절을 아이 혼자 두고는 돌아와서 책만 읽어줬다. 몸이 피곤하니 가만히 앉아서 하는 책 읽기가 편했고, 또 내가 잘하는 게 책 읽어주는 것이라 줄곧 책만 읽어줬다. 덕분에 책을 좋아하는 아이로 크긴 했지만, 그때를 생각하면 지금도 미안하다.

둘째인 가윤이는 가예에 비해 책을 별로 읽어주지 않았다. 아이들은 한 가지 책을 만날 가져오니까 읽어준 책만 수십 번씩 읽어주기도 한다.

"선생님, 아니 왜 늘 똑같은 책만 읽는지 모르겠어요. 책이 얼마나 많은데…."

답답한 마음에 하소연을 하니 오은영 선생은 이렇게 말했다.

"애들은 그 책을 볼 때마다 다른 걸 보게 돼요. 똑같은 내용을 보는 게 아니라 책을 볼 때마다 새로운 걸 발견해요. 괜찮아요. 한 권을 집중적으로 백 번, 이백 번 읽어줘도 괜찮아요. 그게 훨씬 나아요."

가윤이랑 승우에게는 가예만큼 읽어주지 못하지만 하루에 세 권의 원칙만은 지키자고 마음먹었다. 승우한테는 지금도 유효하고, 가윤이는 이제 컸으니까 세 권을 직접 읽으라고 한다.

가윤이는 책을 좋아하지 않는다. 하지만 엄마랑 함께 서점에 가서 책을 고르고 읽는 시간은 좋아한다. 그래서 자주 시간을 내서 서점으로 나들이를 간다.

"우리 같이 책 읽으러 갈까?"

가예는 점심시간이면 아이들이 몰려가는 급식실 대신 도서관으로 달려간다.

"선생님, 여왕시리즈 들어왔어요?"

"가예 왔구나. 자, 여기! 너 주려고 기다리고 있었어."

가예는 점심시간이 시작되고 삼십 분이 지나서야 밥을 먹는다. 도서관에 먼저 들르기 위해서다.

"밥 먹고 가면 안 돼?" 하고 가예한테 물어보았다.

"안 돼. 점심시간 종 치자마자 도서관으로 달려가야 내가 원하는 책을 빌릴 수가 있거든. 그래서 땡 치면 도서관으로 막 뛰어가서 책 빌려오는 거야."

그렇게 빌려온 책을 밥 먹으면서 보고, 점심시간 끝나기 바로 전에 가서 반납하고 온다.

이런 아이를 도서관 선생님이 기억하지 않을 수가 없다.

"가예 왔구나. 여왕시리즈가 아직 반납된 게 없네."

이제는 가예가 기다리고 있는 책이 들어오면 선생님이 아예 맡아놓았다가 내주실 정도다. 가예는 누구보다 도서관 선생님과 친하게 지낸다.

반면에 가윤이는 도서관에 가도 책에 큰 관심이 없어 보인다. 내가 녹화가 있으면 도서관에서 한 시간씩 기다리곤 하는데, 그때도 여기 기웃, 저기 기웃 할 뿐 책에 푹 빠지지는 않는다. 그래서 가윤이에게는 만화책 보는 것도 허락했다. 요즘은 학습용 만화도 많아서 가윤이는 일단 만화책을 통해서라도 지식을 얻고 책과 친해지게 하려는 것이다.

승우는 책 읽기를 좋아하지는 않지만 내가 읽어주는 건 좋아한다. 그래서인가? 표현력이 좋다. 집에서 못 보던 만화를 이모네 집에서 TV로 보고 있을 때였다. 승우가 너무 열심히 보기에 장난삼아 물었다.

"승우야, 파워레인저가 나보다 훨씬 더 좋아? TV만 보고 있네."

그랬더니 자기 양 볼에 손을 대고 내 쪽으로 고개를 돌린다.

"나, TV 안 보고 엄마만 보려고 내 손으로 이렇게 막고 있어."

감동이다. 어떤 날은 내 눈을 보며 말한다.

"엄마, 오늘 화장했어?"
"아니."
"그런데 왜 이렇게 눈이 예뻐? 오늘 엄마 눈이 별처럼 예쁘네."

그러고는 엄마 그림을 그리며 눈 주위에 별을 반짝반짝반짝반짝반짝 다섯 개를 그렸다. 그래, 책 안 읽어도 좋아. 이렇게 감수성이 풍부한데!

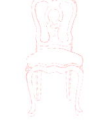

〈수현 생각〉

아동작가 고정욱 선생은 내가 좋아하는 분이다. 그분의 강연 중에 내 가슴에 깊이 박힌 부분이 있다.

"내가 이 세상에 왜 태어났는지, 무슨 소명을 띠고 태어났는지를 늘 생각하세요. 모든 사람은 다 소명을 갖고 태어났거든요."

그 이후 오랫동안 그 말이 머릿속에 맴돌았다. 나의 소명은 무엇일까? 굳이 소명을 찾자면 사람들의 분위기를 편하게 만드는 사람으로 내가 이 세상에 왔을 수도 있겠다는 생각이 들었다. 방송을 할 때도, 사람들과 어울릴 때도 내가 속한 그 자리가 불편해지는 게 싫다. 그래서 내가 먼저 많이 웃는다. 우리 가족들이 집을 편안하게 생각하도록 내가 도움을 주고 싶다.

가예에게도 그 강연 영상을 보여주고 소명에 대해 함께 이야기를 나누었다.

"가예야, 네가 태어난 소명이 있으니까 잘 찾아봐."

책의 역할도 그런 게 아닐까? 내게 생각할 화두를 던져주고 그 답을 찾아가는 여정을 이끌어주는 것.

05

아빠하고 이야기할래?

아이들을 키우며 다른 사람들에게 안쓰러운 시선을 많이 받았다. 수영장에 아이 셋을 혼자 데리고 가는 엄마, 캠핑장에 아이 셋을 혼자 데리고 와서 자는 엄마. 그런 엄마를 향해 따가운 시선이 느껴졌다.

항상 남편은 바빠 함께하지 못했다. 혼자서 감당하려니 때로는 얄밉기도 했지만 크게 불만을 표시한 적은 없었다. 어차피 잘하지도 못하는 일이기 때문이다.

가예가 어렸을 때 남편이 육아에 무심한 것 같아 불만을 꺼낸 적이 있었다. 그때 남편은 그럴싸한 핑계를 댔다.

"난 말이 통하면 아이랑 정말 잘 지낼 수 있어."

쳇! 하기 싫으면 싫다고 할 것이지 무슨 변명은. 나는 괜히 핑계를 만든 거라 생각했다. 그런데 신기하게도 가예가 고학년이 되자 남편은 아이와 정말 많은 대화를 나눈다. 가예도 아빠를 무척 따르고 좋아한다. 아빠가 학교에 데려다줄 때 긴 대화를 한다고 한다. 남편은 아이와 대화가 통하자 아이를 더 예뻐한다.

"난 가예가 좋아. 대화가 잘 통해."

한의사 이경제 선생도 비슷한 말을 했다.

"전 애들이 어렸을 때 봐주지 않았어요. 그런데 애들이 커서 대화가 되니까 얼마나 나를 좋아하는지 몰라요."

엄마의 빈 곳을 아빠가 이렇게 채워주나 보다. 육아에서 아빠의 몫이 따로 있는 것은 아닐까.

수시로 남편은 가예를 부른다.

"가예야, 아까 병자호란 얘기했었지. 마저 얘기할래?"

나는 논리적인 대화에 약하다. 반면 남편은 그렇지 않아 나에게 부족한 부분을 남편이 채운다. 아이와 시사적인 이슈부터 역사 이야기까지 다양한 주제의 대화를 나눈다. 물론 아직은 가예하고

만 통한다. 하지만 가윤이와 승우도 아빠를 점점 더 좋아하기 시작했다.

아직도 아빠와 아이들이 많은 시간을 함께 보내지는 못한다. 하지만 아이들에게 신뢰, 믿음을 주려고 애쓰는 모습이 보인다. 그렇게까지 되는 데 시간이 많이 걸렸다. 처음부터 아이들이 해달라는 대로 다 해주는 그런 사람은 아니었다. 계속 아이가 어떤 아이인지 파악하고 지켜봤다.

이제 가예도 아빠에게 거침없이, 편하게 말한다. 아빠는 가예를 대화상대로서 억압하지 않고 의견을 자유롭게 펼칠 수 있게 한다. 가예가 남편의 육아 물꼬를 튼 것일까? 이제 남편은 가윤이나 승우와도 제법 잘 놀아준다. 남자아이인 승우와는 목욕탕에 같이 간다. 하긴 몇 년 전부터 승우를 데리고 목욕탕에 가서 나올 때 바나나 우유 하나씩 마시는 게 로망이라고 했다. 그동안 어려서 못 하다가 여섯 살이 된 후 목욕탕에 데리고 다닌다. 같이 목욕하고 바나나 우유 사먹고 머리도 왁스로 각을 잡아주고 온다. "오, 승우 머리 멋있는데. 완전 멋있다." 하면 "내가 만져준 거야." 하면서 으쓱해하고. 이렇게 아빠도 아이들과 함께 보내는 시간을 점점 즐기게 되었다. 시간이 해결해준 것일까?

아 이 와 함 께 자 라 는
엄마의 지혜말

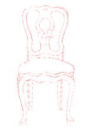

〈수현 생각〉

우리 집은 '엄마 커피 마실 시간'처럼 '아빠 쉴 시간'도 따로 있다. 퇴근한 남편은 저녁식사 후 한두 시간 혼자 방에서 쉴 때가 있다. 야구경기를 보거나 책을 읽는다.

언젠가 방송에서 '남자에게는 혼자 가만히 동굴 속에 들어가 휴지기가 필요하다'는 말을 들었다. 직장에서 시달린 만큼 자기만의 시간을 보내라는 배려다. 그래서 아빠의 시간을 마련해줬다. 아빠의 시간에는 아무도 그 방에 들어가지 않는다.

섭섭할 때도 있었지만 그 시간들이 약이 된 것 같다. 동굴에서 나오면 남편은 다시 자상한 아빠가 되니까.

06

불안할 것
없어

〈부모〉 방송 중에 아이를 가만두지 않고 몹시 닦달하는 엄마의 사연이 나왔다. 아이를 쥐 잡듯 하는 그 엄마의 문제는 엄마 자신의 불안이었다. 불안을 못 참아서 엄마는 "이제 그만.", "숙제는 다 했니?", "문제집은 풀었니?" 끊임없이 잔소리를 하는 것이다.

오은영 선생은 그 엄마에게 이렇게 조언했다.

"아이는 그거 안 해도 죽지 않아요. 그걸 가슴에 새기세요."

'그렇게 안 해도 안 죽는다.' 이걸 마음에 새기면 편해진다고. 그 말은 나한테도 큰 효과가 있었다. 거짓말처럼 그 말을 새기니 마음이 편안해졌다.

나 역시 불안이 많은 사람이다. 축구 결승전 같은 건 아예 보지도 못한다. 심장이 터져서 죽어버릴 것 같아서 정말 못 본다. 그런데 요즘은 월드컵 경기도 본다. '축구 져도 나 안 죽어.' 이런 마음을 가지면서부터다. 글로 적고 보니 좀 웃기지만, 나한테는 부적 같은 말이 되었다.

이 말이 효과가 있는 이유는 '죽음'을 염두에 두면 그 밖의 나머지는 별 거 아니라는 느낌이 든다. 세상에서 가장 큰 방패막이 되어 그 밖의 것들은 다 사소해 보인다.

'숙제 안 하면 선생님한테 혼나겠지?'보다 '숙제 안 해도 쟨 안 죽어.'라고 생각하면 마음에 여유가 생긴다. 어떤 일이 생기든 죽는 것보다는 훨씬 나으니까.

그래서 아이들을 야단칠 때도 나는 코앞에 닥칠 일을 계산하지 않는다. 그러다 보니 '너그러운' 엄마가 된다. 수학문제 좀 안 푼다고, 바닥에 물감 좀 묻었다고 죽지는 않으니까.

잘하고 싶은 마음에 간혹 조바심을 내는 가예한테도 말한다.

"불안해할 것 없어, 가예야. 그것 못 한다고 죽는 거 아니야. 못하면 어때? 재밌게 지내면 되는 거지."

> 아이를 키우다 보면 불안감이 수시로 치민다. 이걸 안 해주면 아이가 제대로 못 자라는 거 아닐까? 뒤처지는 거 아닐까? 불안감은 엄마의 조급증을 부추긴다. 그러나 기다리면 아이 스스로 알아서 제 길을 찾아간다.

이유식을 먹을 나이에 가예는 고기를 너무 안 먹었다. 소아과에 가면 의사가 강조했다. "이유식에 고기는 잘 섞고 있죠? 매일 손바닥만 한 크기의 고기를 먹여야 됩니다."

그런데도 아이가 잘 먹지 않으니 고기를 밥할 때 같이 섞어서 식감을 거의 밥처럼 만들어주기도 했다. '내 정성이 부족한 거야.' 하며 맛있는 고기를 찾아 헤매기도 했다. 제일 좋은 소고기 안심을 판다는 곳을 찾아가서 비싼 고기를 사오기도 했고, 한약 달이듯 정성을 다해 고기를 다져서 요리하기도 했다. 그래도 고기만 넣으면 뱉어냈다.

나중에는 화가 치밀어서 폭발하고 말았다. 내가 들인 노력과 수고만큼 분노가 폭발했다. '이렇게까지 하는데도 안 먹어?' 하는 심리였다.

그때 고기 먹이느라 전쟁을 치른 걸 생각하면 지금도 힘이 빠진다. 단백질이 두뇌발달에 필요하고 씹는 연습이 안 되면 머리가 나빠진다는 둥 하는 말을 듣고 어떤 엄마가 신경 쓰지 않을 수 있을까.

그런데 그렇게 고기를 쳐다보지도 않던 가예는 지금은 너무 먹어서 걱정될 만큼 고기 킬러가 되었다. 때가 되면 다 먹게 돼 있고, 스스로 필요한 건 스스로 보충하게 돼 있다는 것을 알았다.

밥 먹는 것도 고기 먹는 것도 그 시기를 지나가면 자연스럽게 먹게 돼 있다고 본다. 내가 괜히 닦달해서 오히려 아이는 더 거부한 것이 아니었을까? 진로를 선택할 때도 부모의 강압적인 결정이 너무 싫어 일부러 회피하는 아이들도 있다. 그러다 뒤늦게 스스로 그 길을 택하는 경우도 있다. 기다려주면 자연스럽게 찾아갈 것을 괜한 상처만 남기지는 않는지, 나는 그렇게 되는 것만은 피하고 싶다.

신혼 초에는 남편을 대할 때도 편하지 않았다. 남편은 굉장히 까다로운 사람이라 늘 식사를 챙겨주려고 애썼다. 언니랑 밖에서 만나 놀다가도 저녁 준비하러 간다며 후다닥 일어서곤 했다.

"언니, 나 집에 가야 돼. 오빠 올 시간 다 됐어."

그때 언니가 말했다.

"뭐가 불안한데? 제부 혼자 밥 먹으면 되잖아."

"내가 차려줘야 돼. 반찬이 하나도 없어."

"그럼 밥이랑 김치만 먹으라고 하면 되지, 그 말을 왜 못 해? '여보, 미안한데 내가 바빠서 오늘은 반찬이 그거밖에 없어.' 그런다고 신랑이 널 죽일 거야 어쩔 거야. 넌 왜 당당하게 그런 말을 못 해? 네가 꼭 다 해줄 필요 없어."

그때는 그 말이 귀에 들어오지 않았다. 내가 챙겨주지 않으면 안 될 것 같아 늘 종종걸음 쳤다. 그래서 '9첩 반상'까지 차리게 된 것이다.

　그러다 어느 날 방송이 너무 늦게 끝나 저녁시간을 넘겼다. '어떡하지. 저녁 못 차려줘서.' 불편하고 미안한 마음으로 집에 들어갔다. 그랬더니 혼자 너무나 잘 챙겨 먹고 잘 쉬고 있는 게 아닌가. 남편이 문제가 아니라 내 마음의 불안이 문제였다.

　나의 불안감은 다소 심한 편이다. 아파트 화재 뉴스를 보다가 갑자기 '우리 집에 불나면 어떡하지?' 하는 생각에 삼각대랑 얼굴에 쓰는 방독면을 인터넷으로 찾아볼 정도다. 불안이 꼬리에 꼬리를 물어서 '진짜 불나면 커튼을 찢어서 줄을 만들어 내려가야 하나?' 하면서 창밖까지 내다봤다. 마침 그때 딱 내 시선에 들어온 것이 소방서였다. 그때까지 의식하지 못했는데 우리 집은 바로 소방서 길 건너편이었다. 그 순간 불안이 사르르 해소되었다.

　많이 고쳐가고 있지만 지금도 쓰나미가 몰려오는 꿈을 자주 꾼다. 순식간에 물이 밀려오고 나는 아이 셋을 데리고 산으로 정신없이 뛰어 올라간다. 나를 둘러싼 불안감은 어디에서 비롯된 것일까? 의식의 밑바닥까지 알 수는 없지만, 눈앞에 있는 불안들은 하나씩 없애보려고 한다. 엄마의 불안은 아이에게도 전염되니까.

아 이 와 함 께 자 라 는
엄마의 지혜말

〈수현 생각〉

　　가윤이는 옷에 붙은 상표를 못 견디고 자기 몸에 편한 것만 입으려 한다. 지금은 좀 나아졌지만 다섯, 여섯 살에는 정말 까다로웠다. 하필 그즈음 나는 옷 만들기 취미에 빠져 있었다. 예쁘게 만들어 입히고 싶었지만, 가윤이는 내가 만든 예쁜 원피스는 거들떠보지도 않고 만날 자기 편한 추리닝만 입으려 해서 속이 터졌다.

　　엄마가 입히고 싶은 걸 안 입으면 또 어떤가. 아이는 자라면서 취향도 바뀌고 성격도 바뀔 텐데, 그 정도도 기다려주지 않고 엄마가 입히고, 먹이고 싶은 대로 키울 필요가 어디 있나. 그냥 그 시기를 넘어가면 해결되는데.

　　가윤이는 지금도 자신만의 취향이 있지만, 이젠 오히려 엄마가 옷 만들어주던 기억을 즐겁게 말한다.

　　아이한테 화를 내는 것은 내 노력이 통하지 않은 데 대한 억울함이 크다. 그러나 그건 내 욕심일 뿐이다. 욕심과 조바심과 불안은 하나다. 그것을 내려놓으면 한결 육아가 편안해진다.

# 07

엄마도
엄마의 미래가 궁금해

어느 날 가윤이가 환한 얼굴로 달려오며 말했다.
"엄마, 나 수학 시험 진짜 잘 봤어. 95점 맞았어."
만날 70점 받아오던 아이가 놀랄 만큼 점수가 많이 올랐다. 이럴 때면 "정말? 어디 시험지 한번 보자." 하는 말이 나올 법도 한데, 나는 그러지 않는다. 그다지 궁금하지 않다.
첫째 가예도 시험지 한번 가져오라고 해본 적이 없다. 시험 못 본 것 가지고 야단친 적도 없고 1등, 100점을 강요한 적도 없다. 공부는 알아서 하는 것이라고 생각한다. 적성에 안 맞고 하기 싫어서 안 하면 할 수 없다.

적어도 아이들이 '우리 엄마는 나한테 공부 스트레스는 안 주는 사람이야. 시험지 한번 보여달라고 한 적이 없어.'라고 생각했으면 좋겠다. 아마도 그럴 것이다. 그것만으로도 나는 아이들에게 '좋은 엄마'라고 생각한다.

나는 언제나 내 일이 소중하다. 물론 아이들도 중요하지만 내 인생의 행복, 내 삶의 질을 결정하는 데 아이들의 시험점수는 포함되지 않는다. 아이들이 건강하고 행복하게 자라기만 한다면 그것으로 충분하다.

4학년짜리 아들의 교육청 영재원 입학을 준비하느라 일 년을 꼬박 투자한 어떤 엄마는 아이가 불합격하자 우울증에 걸려버렸다는 이야기를 들었다. 고작 4학년짜리 아이가 받았을 스트레스를 생각하면 마음이 아프지만, 그 일에 자신의 삶을 걸어버린 그 엄마도 안쓰럽다.

나는 여전히 나 자신을 포기할 수가 없다. 아이들을 너무나 사랑하고, 아이들이 웃으며 품으로 달려올 때가 세상에서 가장 행복한 순간이다. 그렇지만 아이들의 삶과 내 삶을 하나로 포개고 싶지는 않다. 나에게는 내 인생이 있고 아이에게는 아이의 인생이 있는 것. 그런 생각 때문인지 아이들의 점수에 일희일비하지 않는다. 덕분에 아이들도 엄마 눈치 보지 않고 편히 숨 쉬는 것 같다.

아직도 뭔가 계속 배우고 싶고, 몸이 지쳐 목소리가 안 나올 정도로 빡빡한 스케줄도 소화하면서 나한테 집중한다. 나는 우리 아이들의 미래도 궁금하지만 내 미래도 궁금하다. 오 년, 십 년 후의 설수현. 그게 정말 궁금하다.

아이들이 어릴 때는 방송 일이 바쁘지 않았지만, 그때도 가만히 있지는 않았다. 재봉틀을 만지며 아이들 옷을 직접 만들어 입히고, 피아노를 혼자 들었다 놨다 하며 집을 꾸미고, 뭔가 내가 만족할 수 있는 일을 하며 지냈다. 내 자신의 성장을 위해 무엇인가 할 때 비로소 충족감을 느낀다.

한창 바느질에 푹 빠져 있을 때는 내가 옷 만들어 입히느라 시판하는 예쁜 옷을 입히지 못했다. 밖에 나가면 남자아이들은 폴로 스타일로 귀엽게 꾸며주기도 하는데, 그런 시기가 그냥 다 지나갔다. 내가 만들어서 대충 입혔다. 그때는 그러고 싶었다. 다른 아이들과 비교해서 우리 아이들 옷이 초라해 보일 수도 있지만, 상관없다. 남들 시선이 뭐 그렇게 중요한가. 옷 만들어주며 나도 행복하고 아직 브랜드를 모르던 우리 아이들도 그저 행복해했는걸.

아이들이 어릴 때는 일을 하고 싶어도 바깥 활동을 못 하니까 그렇게 바느질로 내 삶을 채웠던 것 같다. 나중엔 집 꾸미기로 옮겨 가고, 지금은 요리로 바뀌었다. 내 관심사는 늘 옮겨 다닌다.

내가 만난 엄마들은 두 부류로 나뉜다. 아이를 통해 성취감을 느끼려는 엄마와 자기 자신의 성취를 아이들과 분리시키는 엄마. 나는 후자 쪽이다. 아이들이 행복하기를 원하지만, 아이들이 이룬 것을 통해 내 행복이 좌우되는 것은 원치 않는다. 아이가 공부를 잘하고 좋은 학교를 가고 상을 받는다면 기쁠 것이다. 그러나 그것이 이루어졌을 때 내 성취감도 올라가고, 그것이 좌절됐을 때 내 인생 또한 좌절된 듯한 생각은 하지 않을 것 같다. 아이들의 성취는 그들의 몫일 뿐, 내 행복은 내가 이룬 것을 통해 찾아온다.

아이들한테 욕심을 많이 내는 엄마들도 있지만, 그렇지 않은 엄마들도 많다. 요리를 배우다 보니, 요리하는 엄마들의 공통점이 있었다. 아이한테 집중하기보다 자기 일을 포기 못 한다는 것. 이렇게 힘들게 배워서 떡볶이 집을 차리더라도, 내 스스로 하는 것에 더 큰 만족을 느끼는 사람들이다. 그 엄마들 대부분은 자식한테 매달리지 않는다.

자식한테 매달리는 엄마는 언젠가 상실감을 맛볼 수밖에 없다. 엄마에게 끝까지 포함된 자식이 어디 있겠나. 부모 품을 떠나 스스로 독자적 인생을 걷는 것이 '성장'인데.

"우리 오 년 있으면 뭐가 돼 있을까? 십 년 후에는 어디서 뭘 하고 있을까?"

고등학교 때부터 만났던 내 친구들은 10대부터 지금까지 이런 질문을 자주 주고받는다. 그리고 놀랍게도 그때 계획하고 꿈꾸던 것을 그대로 이루어가고 있다. 항상 구체적으로 미래를 그리면서 그곳을 향해 달리고, 그곳에 도달해가고 있다.

　이제 백 세 시대도 옛말이다. 지금 20대들은 120세 시대에 살 것이라고 하니까. 나의 50대, 60대, 70대, 80대, 90대를 그려본다. 남편과 아이들과 행복한 시간도 있고 그 안에 나만의 행복한 모습도 있다. 함께 있어 행복하지만 내 두 다리로 걸어가며 만드는 미래. 그 미래가 나는 여전히 궁금하다.

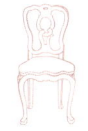

〈수현 생각〉

나는 때로 지나치게 솔직하다 싶을 정도로 아이들에게 어른들의 세계를 말해준다. 매니저도 없고 코디도 없이 방송을 하는 나는 섭외 전화도 직접 받는다. 그럴 때 승낙을 하거나 거절을 하는 전화, 출연료 절충을 하는 전화까지 아이들이 옆에서 들을 때가 있다.

"가예야, 엄마가 딱 잘라서 '못 해요' 하지 않는 것 봤지? 딱 자르면 두 번은 없는 거야. '안 되면 나중에 다시 전화주세요.' 하고 친절하게 끊었잖아. 사람관계는 그런 거야."

엄마가 방송을 하는 사람이라 가예나 가윤이도 방송을 동경한다. 그러나 그렇게 호락호락하지 않은 세계라는 말도 해준다.

"엄마가 방송 일을 계속 할 수 있는 비결은 뭘까? 엄마는 웃기지도 않고 어리지도 않고 말을 아주 잘하지도 않는데 말이야."

그럼 아이들도 갸웃한다. 답을 모르니까.

"엄마는 두루 사람들과 잘 지내기 때문이야."

제작진이나 출연진과 얼굴 붉힌 일도 없고 방송에서 주목받기 위해 누군가를 공격한 적 없다. 그런 내 이야기를 아이들에게도 해준다. 그러면서 나에 대해서도 생각해본다. 1등은 못 하지만 행복하게 일하는 사람. 난 그런 사람이다. 내 아이들도 그러기를 바란다. 어느 자리에서든 행복하기를 바란다.

아이와 함께 자라는 보통맘 설수현의 감성 대화

틀려도 괜찮아,
천천히 가도 돼

초판 1쇄 발행 2015년 6월 22일
개정판 1쇄 발행 2016년 12월 22일

지은이 설수현
펴낸이 이범상
펴낸곳 ㈜비전비엔피 · 애플북스

기획 편집 이경원 박월 김승희 강찬양 배윤주
디자인 김혜림 이미숙 김희연
표지사진 도트스튜디오 방문수
마케팅 한상철 이재필 이준건
전자책 김성화 김희정
관리 이성호 이다정

주소 우)04034 서울특별시 마포구 잔다리로7길 12 (서교동)
전화 02)338-2411 | **팩스** 02)338-2413
홈페이지 www.visionbp.co.kr
이메일 visioncorea@naver.com
원고투고 editor@visionbp.co.kr

등록번호 제313-2007-000012호
ISBN 979-11-86639-42-9 13590

ⓒ 설수현, 2015

· 값은 뒤표지에 있습니다.
· 잘못된 책은 구입하신 서점에서 바꿔드립니다.
· 이 책은 ㈜비전비엔피가 저작권자와의 계약에 따라 발행한 것으로 저작권법에 의해 보호받는 저작물입니다. 무단 전재와 무단 복제를 금하며 내용의 일부 또는 전부를 이용하려면 반드시 저작권자와 ㈜비전비엔피의 서면 동의를 받아야 합니다.

이 도서의 국립중앙도서관 출판예정도서목록(CIP)은 서지정보유통지원시스템 홈페이지(http://seoji.nl.go.kr)와 국가자료공동목록시스템(http://www.nl.go.kr/kolisnet)에서 이용하실 수 있습니다. (CIP제어번호 : CIP2016027808)